EMMANUEL BORNSTEIN

WALDBOWLING

KERBER EDITION YOUNG ART

Waldbowling IV (Sound and Fury), 200 × 300 cm, Öl auf Leinwand, 2012

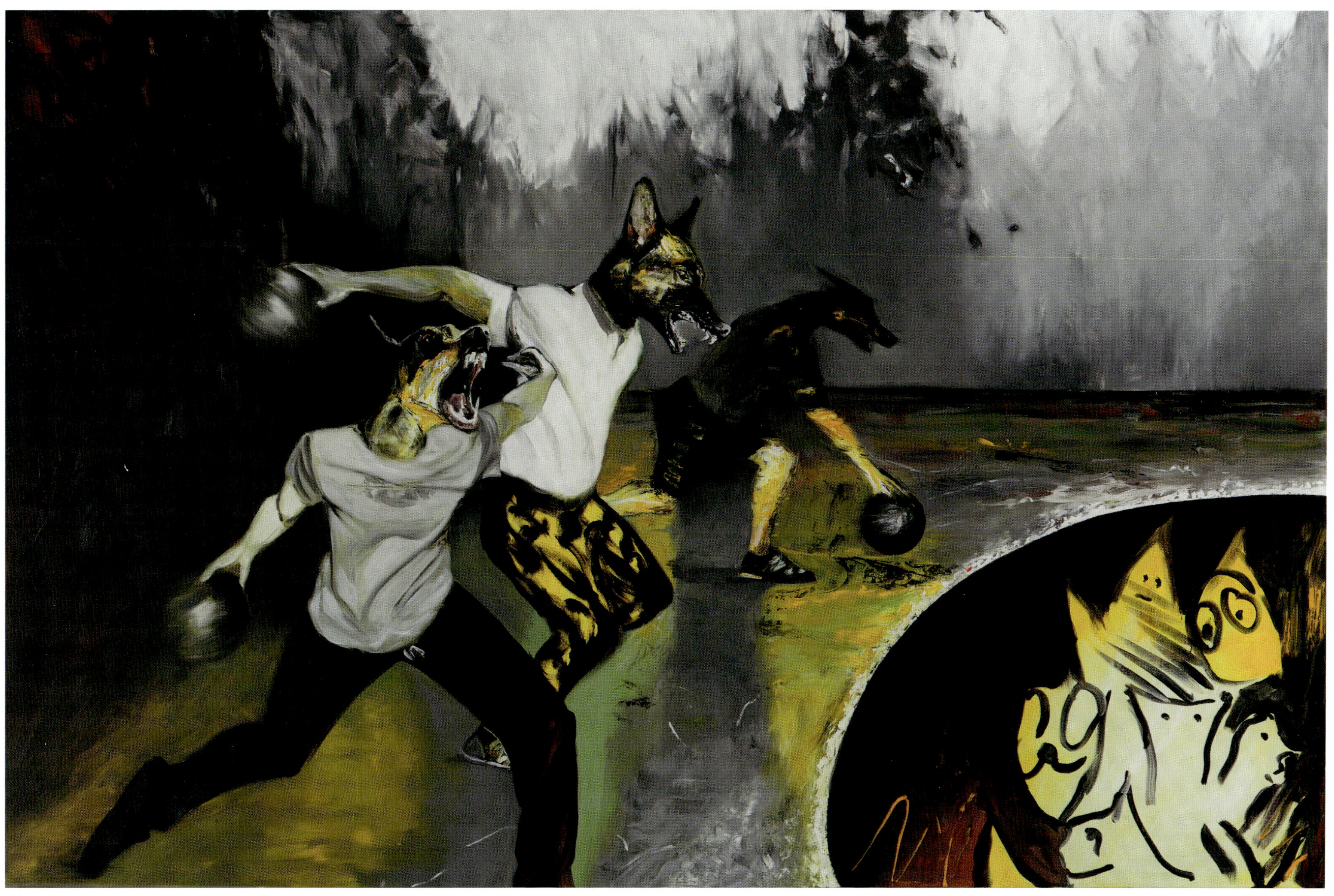

GELB UND SCHWARZ
Didier Semin

Es ist sehr unzutreffend, von *Schwarzweiß* zu sprechen, so wie es in der Fotografie oder dem Kino üblich ist. Die Malerei, die den Begriff *grisaille* erfunden hat, war hier klüger. Ein Film oder eine Fotografie in Schwarzweiß sind in Wirklichkeit immer Bilder in Grauvariationen (wenn es nicht so wäre, würde man fast nichts erkennen können; reines Schwarz und reines Weiß sind in der Wirklichkeit selten; die Bemerkung gilt übrigens selbst in Fällen, wo man unter „Schwarz" und „Weiß" Werte wie „gut" und „schlecht", „Wahrheit" und „Lüge" versteht …). Aber trotz dieser Erbsünde der Unangemessenheit ist der Begriff in das gängige Vokabular eingegangen und man muss sich wohl dazu durchringen, ihn zu benutzen.

Was in den Bildern von Emmanuel Bornstein sofort beeindruckt, ist das besondere von ihm angewandte Verfahren eines eingefärbten Schwarzweiß – wesentlich in Gelb, auch wenn seit kurzem andere Farben des Spektrums einen zurückhaltenden Auftritt in seinem Theater des Gedächtnisses haben. Dieses Schwarz und dieses Weiß sind ungefähr vor drei Jahren in seine Arbeit hineingekommen, noch bevor er die École des Beaux-Art in Paris, wo er studiert hatte, verließ. Und diese freiwillige Beschränkung seiner Palette verdient es, genauer betrachtet zu werden.

Die erste Erklärung, die sich abzeichnet, ist gleichzeitig faktisch und symbolisch. Das Schwarzweiß hat sich bei Bornstein in dem Moment durchgesetzt, als er – entgegen den allgemeinen Aufforderungen an die jungen Künstler, sich zeitig von ihren Ahnen zu emanzipieren – akzeptiert hat, sich auf die tiefgehende Faszination einzulassen, welche ihn mit Goyas *Capriccios* verband. Dieser Moment fiel mit einer anderen mutigen Entscheidung zusammen. Derjenigen, sich in der Malerei mit der Geschichte des Jahrhunderts auseinanderzusetzen, in dem er geboren wurde, dem zwanzigsten. Dem Jahrhundert der Lager und der Massendeportation europäischer Juden (diese Geschichte des Jahrhunderts ist gleichermaßen die Geschichte seiner eigenen Familie). Das Zusammentreffen der beiden Entscheidungen, auch wenn Bornstein es sicher nicht geplant hat, ist nicht zufällig.

Die Moderne und die Aufklärung versprachen eine bessere Zukunft, den Triumph der Vernunft und des Maßes über den Obskurantismus, die Beherrschung der Natur durch die Technik. Allein die Künstler begriffen sehr schnell, dass die Vernunft schließlich eines Tages, aufgrund ihrer falschen Auslegung, in einen Schlaf fallen und Monster gebären wird. Von den napoleonischen Kriegen bis zu den zwei Weltkriegen erweist sich die Epoche der Moderne entsprechend der Vorahnung Goyas *auch* als ein Zeitalter der Albträume … Man sollte sich allerdings vor voreiligen Deutungen hüten, und vor allem vor jener, welche das Schwarzweiß wie selbstverständlich mit der Vergangenheit verbindet, unter dem Vorwand natürlich, in der Geschichte der Fotografie, des Kinos und des Fernsehens habe die Farbe das Schwarzweiß abgelöst (in Wirklichkeit waren die Verfahren zur mechanischen Herstellung von Bildern in Farbe schon fast seit deren Anfängen bekannt; sie waren nur viel teurer und viel komplizierter umzusetzen, was ihre Verbreitung verzögerte). Dieses Argument hatte Spielberg einmal angeführt, um die Entscheidung zu rechtfertigen, *Schindlers Liste* in Schwarzweiß zu drehen. Die Vergangenheit, die so schwierig zu schildernde Vergangenheit der Deportation, müsse demnach im Kino grau sein. Es reicht aber, sich die lange, in Farbe gedrehte Szene der Befreiung des Lagers Falkenau am Ende von Samuel Fullers *The Big Red One* anzuschauen, um zu verstehen, dass die Wahl des Schwarzweiß eine reine Frage der Konventionen ist und keine echte Notwendigkeit. Die Auffassung von Fuller, der tatsächlich mit dem ersten Infanterieregiment der Vereinigten Staaten an der Befreiung des im Film nachgestellten Lagers teilgenommen hatte, verweist jene von Spielberg augenblicklich in die Requisitenkammer (Coppola hat sich sehr feinsinnig über die naive Verbindung von Vergangenheit und Schwarzweiß in seinem Film *Tetro* lustig gemacht, wo er nur die Rückblenden in Farbe gedreht hat).

Emmanuel Bornstein hat nicht irgendwann in der Malerei die banale Gleichung „Schwarzweiß = Respekt = Erinnerung" aufgestellt. Das ist nicht die Art, in der er vorgeht. Er hat in seiner Arbeit Leere geschaffen und er hat die Bilder auftauchen lassen, fahl, aus der Dunkelheit heraus, wo sie vergraben waren, hinein in jenes Dämmerlicht, das im Französischen so treffend *zwischen Hund und Wolf* genannt wird (dieses Mischwesen ist im Übrigen eine der bevorzugten Figuren des Künstlers), wo alles mehr oder weniger grau ist. In dieser Form sind sie in den Gemälden während seines ersten Aufenthaltes in Berlin 2009 erschienen. Nach und nach haben sich diese Bilder mit einem gelblichen

o.T., 205 × 242 cm, Öl auf Leinwand, 2009

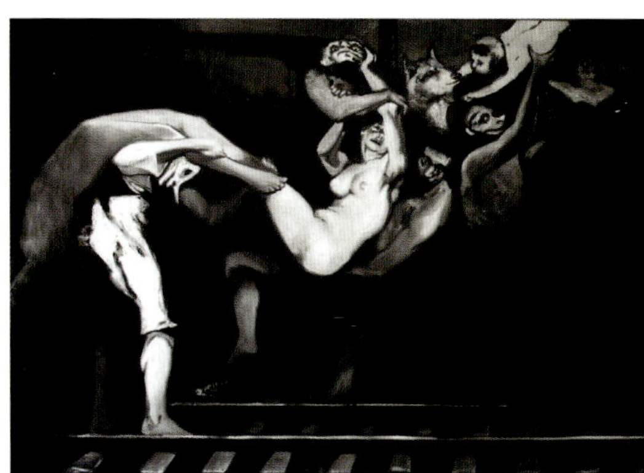

o.T., 200 × 282 cm, Öl auf Leinwand, 2010

1   Johann Wolfgang von Goethe:
Werke, Bd. 13: *Zur Farbenlehre,*
hg. v. Herbert v. Einem, München
(C.H. Beck) 1994, S. 496. (entspricht
§769).

2   Ebd. (entspricht §771)

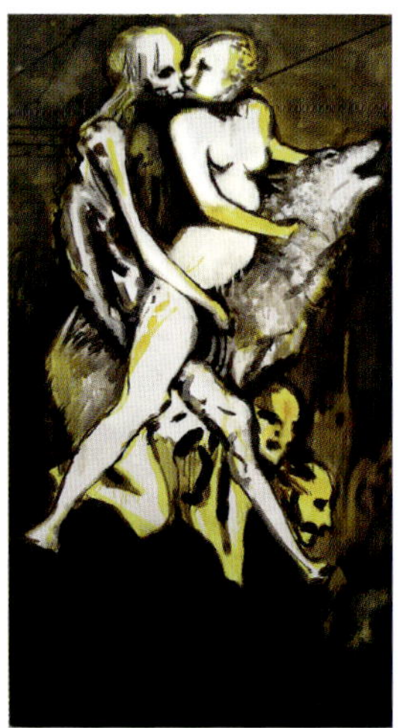

Der Tod und das Mädchen,
163 × 88 cm, Öl auf Leinwand, 2011
Privatsammlung, Paris

Licht gefärbt, das ihnen die ergreifende, traumhafte Aura verleiht, welche die Gemälde von Bornstein heute haben. Auch hier ist es wichtig, hinsichtlich der symbolischen Deutung nicht voreilig zu sein, und in jedem Fall die Symbolik der Farbe Gelb nicht zum ersten Grund für die herausgehobene Stellung zu erklären, die der Künstler ihr gibt. Gelb ist zunächst vom Licht und der Optik her betrachtet ein verdorbenes Weiß … Es ist eine merkwürdige Farbe, deren Ambivalenz Goethe sehr gut in seinem berühmten Traktat beschreibt. Als Lichtfarbe (wenn die Sonnenstrahlen beispielsweise ein gelbes Glas durchqueren) verzaubert das Gelb die Seele. „Diesen erwärmenden Effekt", sagt Goethe, „kann man am lebhaftesten bemerken, wenn man durch ein gelbes Glas, besonders in grauen Wintertagen, eine Landschaft ansieht. Das Auge wird erfreut, das Herz ausgedehnt, das Gemüth erheitert; eine unmittelbare Wärme scheint uns anzuwehen."[1] Als Farbton aber steht das Gelb augenblicklich auf Seiten der Melancholie, der Verzweiflung, der Scham. Trägt man es auf eine unreine Oberfläche auf, wird „durch eine geringe und unmerkliche Bewegung der schöne Eindruck des Feuers und Goldes in die Empfindung des Kothigen verwandelt, und die Farbe der Ehre und Wonne zur Farbe der Schande, des Abscheus und Mißbehagens umgekehrt. Daher mögen die gelben Hüte der Bankerottierer, die gelben Ringe auf den Mänteln der Juden entstanden sein; ja die sogenannte Hahnreifarbe ist eigentlich nur ein schmutziges Gelb."[2] Wegen dieser zweiten Eigenschaft war das Gelb dazu bestimmt, in der ikonographischen Überlieferung des Westens die Farbe des Mantels von Judas oder in der Überlieferung der französischen Arbeiterbewegung die Farbe der Verräter an der eigenen Klasse („les jaunes" – „die Gelben") zu sein. Und sie wurde natürlich, wie bekannt ist, zum schändlichen Symbol, das die Nazis mit dem Davidstern verbanden. Man könnte aus all dem schnell ableiten, der Künstler habe seine Wahl aus diesen, gewissermaßen literarischen Gründen getroffen und Bilder der Schande in Gelb gefärbt. Ich weiß, vor allem als Zeuge der Entwicklung seiner ersten Werke, dass man genau umgekehrt denken muss. In Wirklichkeit war es so, dass zunächst das Gelb begonnen hatte, die Bilder von Bornstein zu färben, weshalb sie dann als so direkte Referenzen auf den Holocaust gelesen werden konnten.

Emmanuel Bornstein ist ein Maler, das heißt jemand, der zunächst in Formen und Farben denkt, in Linien, in Licht und Farbwerten und der dann unerwartet seinen Intuitionen Form gibt. In den Gemälden von 2009 in Schwarzweiß ist es möglich, die meisten der dargestellten Körper auf Modelle aus der Malerei zurückzuführen, insbesondere auf Darstellungen der Kreuzabnahme, der Pietà und der Grablegung, denen die Geschichte der Kunst so zahlreiche Meisterwerke verdankt. In dem Maße, wie das gelbe Licht 2010 und 2011 auf sie übergreift, werden diese durch den Tod verwandelten Körper zu leblosen und verrenkten, grotesken Körpern, die durch den Albtraum der Lager weggetragen werden, auf jenen Eisenbahngleisen entlang, bei denen John Ruskin im Augenblick ihres Auftauchens schon so treffend gespürt hat, dass sie die Menschen in Dinge verwandeln würden. Wenn das Gelb bei Bornstein im Übrigen literarisch eingesetzt worden wäre, hätte es nicht seine ambivalente Kraft bewahren können. Denn es handelt sich doch um Folgendes: Was ist die Malerei im Grunde? Sie ist ein schmutziger Stoff, ist Schlamm, zermahlene Erde, verbrannte Knochen, verdorbene Metalle, Blei- oder Eisenoxyd, Pflanzensud, ein Magma, das, wie auch immer, durch fette, stinkende Flüssigkeiten zusammengehalten wird, und gleichwohl ein Stoff, dem die Künstler die Würde eines Mysteriums verleihen, durch eine Arbeit, die nur schwer mit dem Verstand erklärt werden kann. Dirigenten eines Orchesters aus farbigem Schlamm, fähig, Geisteswunder zu schaffen mit den am Ende eines Stöckchens befestigten und in Dreck getauchten Haaren toter Tiere, das ist es, was die Maler sind. Im Grunde genommen gefällt uns die Malerei vor allem, wenn sie eine grauenhafte, widerliche oder einfach triviale Wirklichkeit ausgleicht – *Die Erschießung der Aufständischen* oder *Saturn, einen seiner Söhne verschlingend* von Goya, *Toter Torero* von Manet, das verdorbene Fleisch bei Corinth und die alten Wannen bei Chardin, die Päpste bei Bacon … – oder selbst wenn sie, wie seit einem Jahrhundert, ohne vorzutäuschen und darzustellen nur den ekelhaften Stoff ausgleicht, aus dem sie gemacht ist – die *drippings* von Pollock, der Köperkontakt Shiragas mit seinen Bildern, die erstarrte Lava von Eugène Leroy … Und die Gelbtöne von Emmanuel Bornstein, in tiefes, weiß gesprenkeltes oder übertünchtes Schwarz gemischt, verkörpern hervorragend diese *Intelligenz des Stoffes* der man den Namen *Malerei* gegeben hat. Sie sind gleichzeitig Scham und Gold und sie machen aus den schlimmsten Bildern prunkvolle Gemälde, ohne dass

man allerdings je entscheiden könnte, ob sie Sonnen-
gelb oder Pissgelb, rettend oder giftig sind, ganz
einfach weil sie nicht voneinander zu trennen sind.
Schließlich ist das schönste Gelb in der Malerei lange
Zeit auch ein aus Arsen gewonnenes, starkes Gift
gewesen – das Auripigment (das Sigmar Polke – aber
hat er es wirklich getan? – in einigen seiner Bilder
benutzt haben soll).

Die Alchimie der Malerei, die Bornstein intuitiv meistert,
braucht keine Alibis. Der Gebrauch, den er beispielsweise von Bildern macht, die er bei Goya oder anderen
alten Meistern entlehnt, ist ohne Bezug zu jener
kritischen Distanz, diesem leicht hochmütigen Schritt
zurück – „Mit mir ist das nicht zu machen" – den man
gewöhnlich Postmoderne nennt. Die Postmoderne ist
im Bereich Architektur aus der Ablehnung der modernis-
tischen Ästhetik eines Gropius, Le Corbusier, Mies van
der Rohe durch eine junge Generation entstanden, die
es eilig hatte, den Platz der vorangehenden einzu-
nehmen. Man hat sich damals, in einer Zeit, wo der Fort-
schritt eine Patina zu bekommen schien, die Geschichte
der Künste als großes Kaufhaus gedacht, in dessen
Abteilungen man sich völlig frei bedienen konnte, um
bunt zusammengewürfelte und lustlose Assemblagen
zu basteln. Die Malerei, oder das, was die Gesellschaft
so bezeichnet, hat sich bisweilen durch dieses Modell
verführen lassen. Es wurde von ihr jedoch relativ selten
adaptiert. Man malt nicht besser mit einem ironischen
Lächeln und einem Wörterbuch, so wie man Musiker
nicht mit einem kleinen Löffel dirigiert. Man braucht ein
spontanes Engagement, das nicht mit vorsichtigem
Abstand kalkuliert, einen denkenden Körper und keine
Hand im Dienst eines Programmes. Wenn man in
Bornsteins Karneval leicht die Quellen erkennt, bisweilen
sogar ausdrückliche Referenzen, wenn er zum Beispiel
das Schema der *Strohpuppe* von Goya aufnimmt und
dabei die *femmes fatales* des Ursprungsbildes durch
die Esel der *Capriccios* ersetzt und das Ganze vor einen
dunklen Buchenwald stellt, dann nicht, weil der Künstler
entschieden hat, die Geschichte mit Goya zu lesen.
Es ist einfach so, dass seine Sicht permanent durch das
geprägt ist, was er schon gesehen hat, und dass seine
Albträume nicht etwa nicht bei Goya entliehen sein
können, aber genauso gut bei Velasquez, Otto Dix und
einer Vielzahl anderer, bisweilen sehr viel trivialerer
Bildquellen – ich vermute, dass seine Bären und Wölfe
aus dem Kino kommen und dass seine Bowlingspieler

auf sehr direkte Weise aus dem unbeschreiblichen
The Big Lebowski der Brüder Cohen entstiegen sind …
Ohne es beweisen zu müssen, verkörpert Bornstein in
der Malerei jene offenkundige Wahrheit, dass das
Sehen nicht aus dem Nichts heraus entsteht, dass es
immer Erinnerung und Neuerfindung, eine Sache der
Optik und des Gedächtnisses ist. Zweifellos hat er das
Glück, in eine Zeit zu kommen, wo das Prestige der
Theorie in der Kunst zu verblassen beginnt. Hat man
bemerkt, in welchem Maße die Kunstkritik seit
Jahrzehnten in der Presse und im Allgemeinen eine
Übung im Erklären geworden ist und nicht eine Übung
im Bewundern (oder Verabscheuen …)? Die Musik, die
von den (zahlreichen) Schülern Kants für eine subalterne
Kunst gehalten wird (eine, die den Bauch anspricht
und die Nachbarn stört), ist diesen Marotten ent-
kommen. Und wehe, auch heute noch, der Sopranistin,
deren Stimme abrutscht oder dem Rocker, der sein
Solo vermasselt – die Theorie vom verpatzen Solo
zweiten Grades ist noch nicht verbreitet. Die Malerei
von Bornstein stellt sich unserem Urteil ohne die
kugelsichere Scheibe eines Programmes oder eines
Protokolls. Im Atelier spricht man mit ihm wenig über
Geschichte und Prinzipien. Es ist nicht so, dass er sie
nicht kennen würde, aber er hat den Mut, ohne Sicher-
heitsnetz zu spielen. Man beobachtet einen Farb-
auftrag, ein Licht, eine Tiefenstruktur, man hält sie für
mehr oder weniger gelungen, man äußert Beifall zu
einem Akkord, man murrt über eine Unbedachtsamkeit,
kurz, man übt sich darin, zu lieben. Die Malerei
Bornsteins spricht den Bauch an und stört die Nachbarn
und das ist eine ziemlich gute und schöne Sache. Man
wird die Liebhaber des Genres nicht daran hindern
können, die Unvereinbarkeit der Geschmäcker in den
Spülküchen von Königsberg auf kleiner Flamme zu
garen. Das schadet niemandem und man kann daran
Geschmack finden. Aber würdigen wird man die
Verdienste derjenigen, die wie Emmanuel Bornstein
hartnäckig zu dem naiven Anspruch der Maler stehen,
aus Schlamm Licht zu machen.

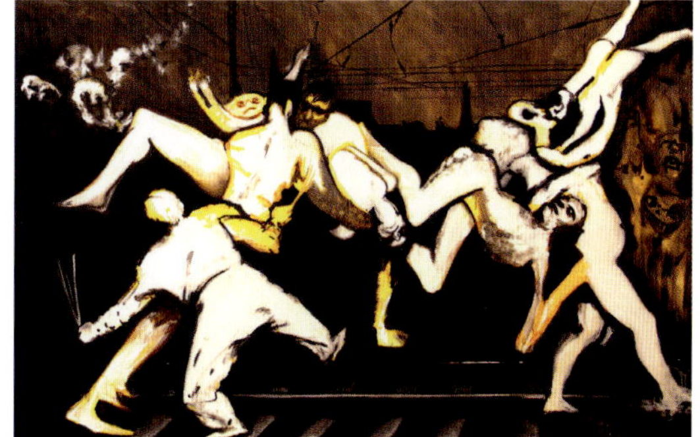

o.T., 200 × 300 cm, Öl auf Leinwand, 2010
Sammlung Giampaolo Mora JR., Parma

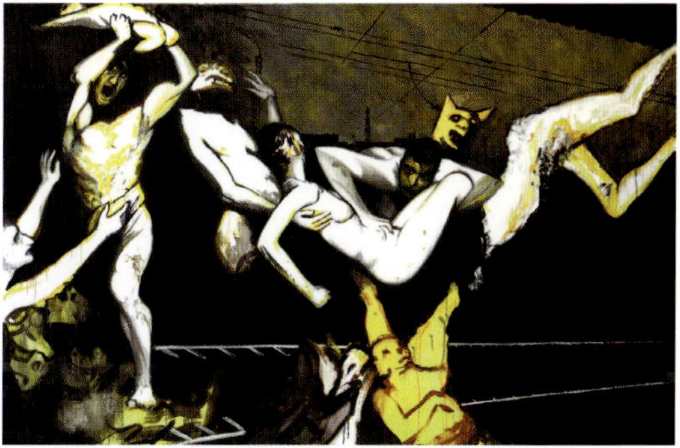

o.T., 200 × 300 cm, Öl auf Leinwand, 2011
Sammlung Monica Borgna, Paris

YELLOW AND BLACK
Didier Semin

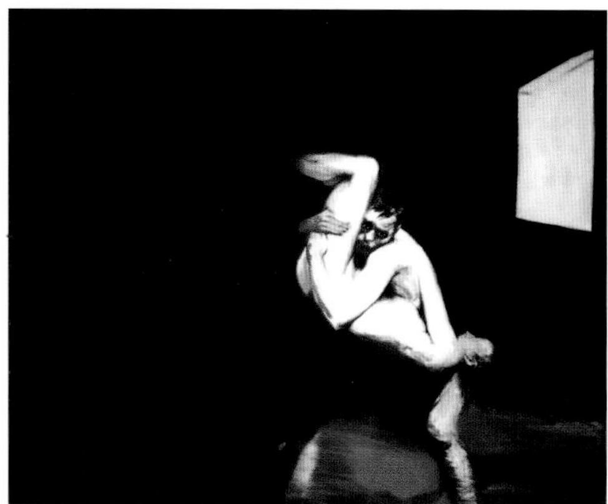

Untitled, 205 × 242 cm, oil on canvas, 2009

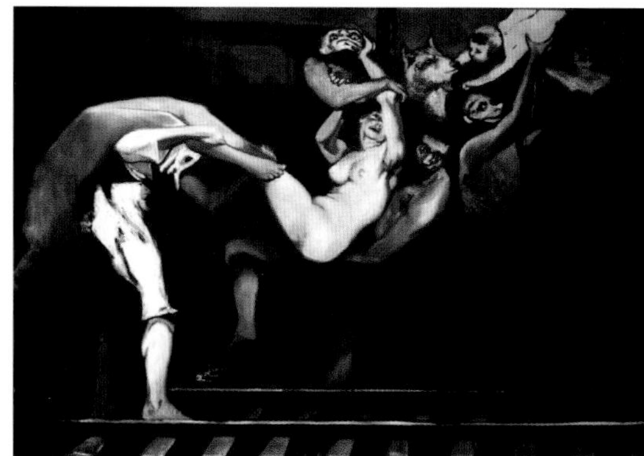

Untitled, 200 × 282 cm, oil on canvas, 2010

When people talk of *black and white*, with regard to photography and cinema, they are using a very inaccurate term – painting showed better judgement in coining the term *grisaille*: in reality, films or photographs in black and white are always images in variations of grey (without which we would be able to distinguish very little: absolute blacks and whites are rare in reality – an observation that also holds true in those cases where "black" or "white" refer to values of good or evil, truth or untruth, etc.). Yet despite this sin of original inaccuracy the expression has entered common usage and we must reconcile ourselves to using it. The first thing that strikes the viewer about Emmanuel Bornstein's paintings is his distinctive process: he uses a tinted black and white – tinted mainly with yellow, although other colours from the spectrum have recently made a timid appearance in his theatre of memory. This black and white appeared in his work around three years ago, before he completed his studies at the École des Beaux-Arts in Paris, and this voluntary restriction of his palette is worthy of closer consideration. The first explanation that offers itself is at once factual and symbolic in nature: black and white emerged in Bornstein's work at the moment when he took on board – counter to the prevailing trend that encourages young artists to liberate themselves from their elders an early stage – his profound fascination with Goya's *Caprichos*. This moment of acceptance coincided with another bold choice – of confronting in painting the essential history of the century he was born in, the 20th century with its camps and mass deportations of Jews in Europe (this history of the century is also the history of his own family). The coincidence of these two decisions, though certainly not pre-meditated on Bornstein's part, is anything but fortuitous: modernity and the Aufklärung (Enlightenment) promised better tomorrows, the triumph of reason and moderation over obscurantism, the domestication of nature by technology; artists (*Los Caprichos* appeared in 1799, ten years after the French Revolution, a year before the golden century of industry) were alone in quickly understanding that reason would one day fall drowsy from the excessive demands placed upon it and give birth to monsters. From the Napoleonic wars through to the two World Wars, the modern age would reveal itself – true to Goya's instincts – as an era of nightmares, too … Yet we must be wary of over-hasty interpretations, in particular the interpretation based on a quasi-natural connection between black and white and the *past*, justified no doubt by the assumption that colour came after black and white in the history of photography, film and television (in reality, processes for producing mechanical images in colour were invented more or less from the start – it was only their relative costliness and complexity that delayed their wider take-up). This is the argument Spielberg once gave to justify his decision to film *Schindler's List* in black and white: the past, and the past of the deportations – so difficult to depict – would be grey in the cinema. Yet we only need to see the long sequence of the Falkenau camp liberation at the end of *The Big Red One,* by Samuel Fuller, which is filmed in colour, to understand that the choice of black and white is purely a matter of convention, not of actual necessity: Fuller's vision – and as a member of the US First Infantry Division he had actually taken part in the camp liberation re-created in the film – instantly eclipses Spielberg's. (Coppola very astutely mocked the naive association of the past with black and white in his film *Tetro*, filming only the flashbacks in colour.) It wasn't that one day Emmanuel Bornstein posed the banal equation "black and white = respect = memory" in his painting. This is not the way he proceeds. He created a vacuum in his work and let the images emerge, pallid, from the darkness they were buried in – in the kind of light that is so perfectly described in the French phrase for twilight, *"entre chien et loup"* (literally, between dog and wolf – a hybrid that is one of the artist's favourite figures, too), a light in which everything is, always, more or less grey. These images appeared in this form in his paintings during his first stay in Berlin, in 2009. Gradually the images became coloured with a yellowish light which gives them the striking, dream-like aura that now characterises Bornstein's paintings. Here again it is important not to rush into over-hasty symbolic interpretation, and certainly not to make yellow's symbolic value the primary reason for the artist's choice of this particular colour. From the perspective of light and optics, yellow is first and foremost white that has lost its purity. It is a strange colour, its ambivalence well described by Goethe in his famous treatise. As a colour of light (when the sun's rays pass through yellow glass, for example) yellow delights the soul: "This impression of warmth," says Goethe, "may be experienced in a very lively manner if we look at a landscape through a yellow glass, particularly on a grey winter's day. The eye is gladdened, the heart expanded and cheered, a glow

seems at once to breathe towards us." [1] Yet as a shade
applied to an impure surface, yellow instantly aligns
itself with melancholy, despair and shame: "by a slight
and scarcely perceptible change, the beautiful
impression of fire and gold is transformed into one not
undeserving the epithet foul; and the colour of honour
and joy reversed to that of ignominy and aversion.
To this impression the yellow hats of bankrupts and the
yellow circles on the mantles of Jews may have owed
their origin." [2]

It is in this second guise that yellow is held as having
been the colour of Judas's cloak in the Western
iconographic tradition, is regarded as the colour of
traitors to their class in French working-class tradition
(where "yellow" is the term used for a strikebreaker),
and was of course the colour used by the Nazis for the
Star of David Jews were ordered to wear as a badge of
shame. This might prompt the hasty assumption that
the artist has made a literary choice of using yellow for
images of shame. I know, notably through having
witnessed the evolution of these initial works, that we
should see the situation precisely the other way round:
in reality it is because yellow started to colour
Bornstein's images that they were able to develop such
direct references to the Holocaust. Emmanuel Bornstein
is a painter, in other words someone who thinks first
and foremost in shapes and colours, lines, lights, and
tonal values, and whose intuitions suddenly crystallise
into clear form. In the paintings of 2009, in black and
white, the bodies represented can in most cases be
directly linked to pictorial models, deriving in particular
from the Depositions, Pietàs and Entombments
that have given so many masterpieces to the history of
painting. As they become infused with yellow light in
2010 and 2011, the bodies transfigured in death
become inert, disjointed, grotesque, transported to the
nightmare of the camps, along the iron tracks of which
John Ruskin so rightly intuited from their first
appearance that they would turn people into objects.
If Bornstein had used yellow in a literary way, moreover,
it would not possess the ambivalent power which it
retains. Because this is the crux of the matter: what is
painting, fundamentally? It is base materials, mud,
ground earths, burnt bone, corroded metals, oxides of
lead or iron, decoctions of plants, a magma combined
in some inscrutable way with oily, foul-smelling liquids
– but materials that artists elevate to the dignity of a

mystery through work that can scarcely be explained in
rational terms: conductors of coloured muds, capable
of creating spirited miracles with the hairs of dead
animals fitted onto the end of a stick and dipped in
grime, that's what painters are. Fundamentally painting
delights us above all when it redeems a reality that is
monstrous, horrible or simply trivial – Goya's *Tres de
Mayo* or *Saturn*, Manet's *Le Torero mort*, the tainted
flesh of Lovis Corinth, Chardin's old pots, Bacon's popes,
etc. – or even, for the last century, when it does no more
than redeem the base material it is made of, without
pretence or representation: Pollock's drip paintings,
Shiraga's canvases painted using his own body,
the textures – like congealed lava – of Eugène Leroy,
etc. And Emmanuel Bornstein's yellows, mixed with his
deep blacks and the washes and squirts of white,
magnificently embody this *material intelligence* we call
painting: they are at once yellows of shame and yellows
of gold, making sumptuous tableaux of the worst
images, without us ever being able to decide if they are
solar or urinal, redemptive or toxic, quite simply
because they are, inextricably, both at once. After all,
for a long time the most beautiful yellow in painting was
also a violent poison derived from arsenic: orpiment
(a pigment Sigmar Polke is supposed to have used
– but did he really? – in some of his paintings).

The alchemy of painting which Bornstein intuitively
masters needs no alibis: his use, for example, of images
borrowed from Goya or other old masters bears no
relation to that critical distance, that slightly disdainful
and worldly-wise step backwards, that we have
become accustomed to calling postmodern.
Postmodernism was born in the field of architecture, in
the rejection, by a generation eager to supplant its
predecessors, of the modernist aesthetic of figures
such as Gropius, Le Corbusier and Mies van der Rohe:
at a time when progress seemed to be coming unstuck
they devised the notion that art history was a
department store with shelves that could be freely
ransacked to cobble together patchwork, disenchanted
assemblages. Painting, or what passes as painting in
society, has at times been seduced by this model. Yet it
is a model for which it is very poorly suited. Painters
don't paint with their tongue in cheek and a dictionary
by their side any more than orchestras are conducted
with a teaspoon: painting calls for an unthinking
commitment incompatible with cautious detachment,

1 *Goethe's Theory of Colours,*
translated by Charles Lock
Eastlake, London 1840, p. 307.

2 Ibid., p. 308.

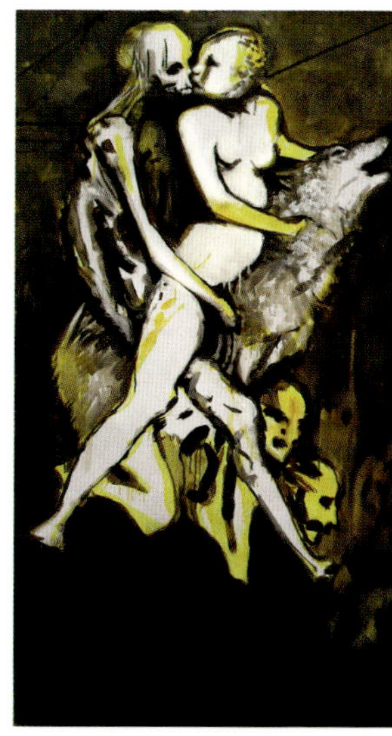

Der Tod und das Mädchen,
163 × 88 cm, oil on canvas, 2011
Private collection, Paris

a thinking body and not a hand serving an agenda. If we can easily recognise sources, sometimes even emphatic references, in Bornstein's carnival – for example when he echoes the composition of Goya's *Straw Manikin,* replacing the "femmes fatales" of the original painting with the asses of the *Caprichos*, and setting the scene against the backdrop of a dark beech forest – this is not that the artist is deciding to read history through Goya. It is quite simply that he sees, always, through what he has already seen, and that his nightmares cannot *not* borrow from Goya – or equally from Velasquez, Otto Dix or numerous other image sources, some much more trivial: I suspect a cinematic origin for his bears and wolves, for example, and that his bowlers derive very directly from the Cohen brothers' hilarious *Big Lebowski*. Bornstein embodies in painting, without having to demonstrate it, the self-evident truth that vision is not conjured from nothing, that it is always memory and re-creation, a matter of optics and recollection.

No doubt he has been fortunate to come at a time when the prestige of art theory is beginning to fade. Are we aware of the extent to which, in recent decades, art criticism has become, in the media and as its primary function, an exercise in explanation rather than admiration (or indeed execration)? Music, regarded by Kant and his many followers as an inferior art form (one that speaks directly to the emotions and disturbs the neighbours) has escaped this misconception: even today, the soprano who slips up or the rock musician who botches a solo won't be spared – the idea of "ironically" botching a solo has yet to catch on. Bornstein's painting is offered to our judgement without the bullet-proof glass of a programme or a protocol. Conversations in his studio rarely touch upon history or ideas, not because he lacks knowledge in these areas but because he has the courage to operate without a safety net, observing colour areas, lights and depths, judging how successful they are, approving harmonies, rejecting superficial effects – in short, practising the love of painting. Bornstein's painting speaks directly to the emotions and disturbs the neighbours, and this is an incredibly good thing. Let the devotees cook up their *antinomies of taste* in the back-kitchens of Königsberg – it doesn't harm anyone and it may bring some pleasure – but let's also pay homage to those who, like Emmanuel Bornstein, boldly address that primary and original ambition of painters, of turning mud into light.

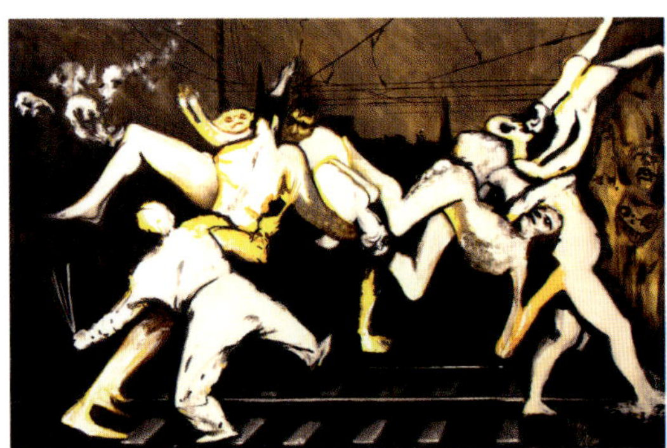

Untitled, 200 × 300 cm, oil on canvas, 2011
Collection Giampaolo Mora JR., Parma

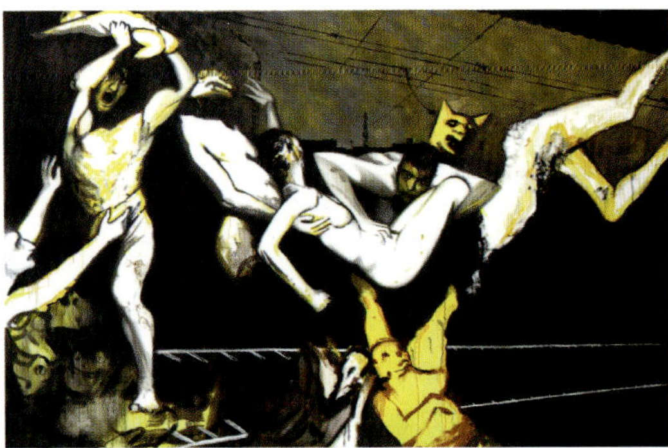

Untitled, 200 × 300 cm, oil on canvas, 2010
Collection Monica Borgna, Paris

SCHWARZES THEATER
Didi Bozzini

Emmanuel Bornstein gehört zu einer neuen Künstler-generation, die glücklicherweise nicht mehr jene kritische, häufig konfliktbeladene, manchmal unzeitgemäße und selten bedeutsame Beziehung zur Malerei unterhält, welche die Geschichte der Kunst während der zweiten Hälfte des 20. Jahrhunderts geprägt hat. Weit entfernt von rein formalistischen Fragen zum ästhetischen Status, dem Gegenstand oder dem Raum des Bildes. Noch weiter entfernt von der vorgeblich philologischen Attitude einer letzten, rückwärtsgewandten Avantgarde, die ein sehr geschicktes Marketing als Transavantgarde klassifiziert hat. Seine Werke haben nie die Malerei selbst als Gegenstand. Diese ist bei ihm, ganz im Gegen-teil, vielmehr das direkte, beinahe spontane (ganz sicher nicht naive) Mittel einer erzählerischen Vor-stellungskraft als das Ergebnis einer sterilen, selbstbe-züglichen Spekulation. Meist nähren sich seine Bilder von den durch die großen Meister erteilten Lektionen und von ihren Ikonen. Letztere werden immer wie die Figu-ren und Masken eines weiträumigen, ebenso mentalen wie bildlichen Theaters eingearbeitet, ohne daraus jemals eine mittelmäßige, hochtrabende Paraphrase zu machen, ohne sich der Pedanterie der Glosse oder sogar der Redundanz des Zitates hinzugeben.

Tatsache ist, dass Emmanuel Bornstein eine Geschichte zu erzählen hat. *Eine Geschichte voller Lärm und Wut, erzählt von einem armen Schauspieler, der sich groß tut und sich aufregt während seines Auftritts, bevor ihm niemand mehr zuhört.* Eine Geschichte, die viel der Erinnerung verdankt, den Erinnerungsgeschichten, den Launen und Albträumen der Erinnerung, ihrer Darstellung. Ganz offensichtlich gibt es eine Dramaturgie in seiner Malerei, Bühnenbilder, Lichteffekte und Kostüme, die dazu bestimmt sind, das sichtbar zu machen, was nicht ohne den Filter einer Inszenierung gezeigt werden könnte. So türmt sich vor Hintergründen, schwarz wie die Kulissen eines Theaters, undurchdringlich wie die Nächte in den *Capriccios* von Goya oder der Rauch, der aus den Schornsteinen von Auschwitz kam, in einer kompli-zierten Komposition eine atemlose und wimmelnde Menge von Opfern und Henkern, Ungeheuern, Eseln, Bonzen, Wölfen, Narren und fallenden Körpern, die, besiegt durch die Gravitationskraft der Geschichte, vom Abgrund angezogen werden. Katastrophen des Krieges, tragisch und grotesk. Wahrheit des Schmerzes und menschliche Maskerade. Choreographie des Schreckens und Totentanz.

Die erzählerische Natur dieser Werke wird auf der Basis eines bildlichen Alphabets dekliniert, das wesentlich aus vier Farben zusammengesetzt ist: Schwarz, Weiß, Grau und Gelb. Eine Farbskala des Gedächtnisses, dominiert von der Dunkelheit, durchbrochen von gelblichen Lichtschimmern, fahl wie die Sonnenstrahlen der Lager, aus denen die Uniformen der Wächter auf-tauchen, von einem Grau, das sich mit dem der Eselfelle mischt und in das die Körper der Deportierten, weiß wie die Tücher von Gespenstern, versenkt sind. Und die Zeichnung hat die Aufgabe, die dramatische Spannung zu verstärken, indem sie in der Komposition eine konflikt-geladene Beziehung schafft zwischen den realistisch ausgeführten Figuren und jenen, die gerade durch ein paar Pinselstriche angedeutet sind. Es ist so, als ob im Inneren des Bildes ein Kampf zwischen Erinnerung und Vergessen geführt würde, zwischen dem Versuch, alle Bilder festzuhalten und der Notwendigkeit, sich von ihnen zu befreien, zwischen dem unbedingten Willen, jedem Gesicht einen Namen zu geben und dem unver-meidlichen Verschwinden von deren Identitäten. Das Ergebnis ist eine wahrhaftig durch das Theater belebte Malerei, nicht nur in ihren Bildern, sondern auch in ihrer Konzeption und Ausführung, erfüllt von einem ebenso starken wie tiefgreifenden Pathos.

Während ich die Bilder von Emmanuel Bornstein betrachtete, glaubte ich jenen schmerzerfüllten Walzer zu hören, der die Schlüsselszene von Tadeusz Kantors „Die tote Klasse" begleitet. In ihr schritt eine alte Auf-seherin unter den Schülern herum und raffte sie im Tanz-schritt hinweg. Ich glaube keineswegs, dass es sich um einen Zufall handelt. Die Gemeinsamkeiten zwischen den beiden Universen sind ebenso zahlreich wie eng beieinanderliegend. Die Bezugnahme auf diesen großen Meister sollte allerdings nicht als Versuch gelesen werden, das Werk eines jungen Künstlers aufzuwerten, noch weniger, ihn in ein Lektüreschema hineinzupressen. Sie ist lediglich der Hinweis auf eine Atmosphäre, die ich sehr gemocht habe, auf ein Aroma, das durch die süße Qual der Erinnerung an die Oberfläche des Ge-dächtnisses aufgestiegen ist. Theater des Gedächtnisses, schwarze Gemälde. Gemälde des Gedächtnisses, schwarzes Theater.

DARK THEATRE
Didi Bozzini

Emmanuel Bornstein belongs to a new generation of artists, a generation fortunate in being freed from the critical relationship with painting – often conflicted, sometimes anachronistic, rarely meaningful – that characterised the history of art during the second half of the last century. His work has nothing to do with purely formal investigations of aesthetic status, materials or the picture space. And even less to do with the purportedly philological approach of one recent backward-looking avant-garde, adroitly marketed under the label Transavantgarde. It is never about painting itself. On the contrary, it is the direct and quasi spontaneous (though certainly not naive) medium of a narrative imagination, rather than the dead end of a sterile, self-referential speculation. His paintings are, at most, enriched by the lessons and icons of the great masters, yet he never falls into modest/pompous paraphrase and never resorts to pedantic commentary or superfluous quotation: these lessons and icons are always integrated as the figures, masks or characters of a vast theatre that is just as much psychological as it is pictorial.

The fact is that Emmanuel Bornstein has a story to tell. A tale that's "full of sound and fury," told by "a poor player, that struts and frets his hour upon the stage, and then is heard no more." This tale owes a great deal to memory, to stories of memories, to the caprices and nightmares of memory and their representation. His painting has a very clearly dramatic quality – the decors, lights and costumes serve to show something that could not be revealed without the filter of a theatrical presentation. And so against backdrops as black as the wings of a theatre, as dark as Goya's *Caprichos* or the smoke rising from the chimneys of Auschwitz, he accumulates, cleverly composed, a breathless and teeming crowd of victims and executioners, monsters, asses, rulers, wolves, clowns and falling bodies, overcome by the force of history's gravity, drawn towards the abyss. Disasters of war, tragic and grotesque. The truth of suffering, and a human masquerade. Choreography of terror, and dance of death.

The narrative character of these works is expressed in a pictorial alphabet essentially comprising four colours: black, white, grey and yellow. A chromatic scale of memory, dominated by darkness, and shot through with a few rays of yellowish light, as livid as the sunlight of the camps, picking out the grey of the guards' uniforms, which merges with the grey of donkey skin, engulfing the skin tones, now ghostly white, of the deportees. And the drawing serves to heighten the dramatic tension, creating within the composition a conflict between the figures that are represented realistically and those that are barely sketched in with a few brushmarks, as if a struggle were ongoing within the painting itself between remembering and forgetting, between the attempt to retain all these images and the need to be rid of them, the poignant desire to put a name to every face and the inevitable disappearance of their identity. The result is painting that is authentically inhabited by theatre, not only in its images but also in its conception and its method – and all infused with a pathos at once intense and profound.

While looking at Emmanuel Bornstein's paintings I could almost hear the harrowing, captivating waltz that accompanies the main scene of Tadeusz Kantor's *Dead Class*, in which an elderly supervisor passes among the students, cutting them down to the rhythm of the dance. I don't think that this was a coincidence: the two worlds share many close affinities. Yet this reference to a great master of the stage should not be read as an attempt to magnify the work of a young artist, much less to enclose it within a fixed interpretive framework. It merely serves to highlight an atmosphere I loved so much, a fragrance rising to the surface of the mind through memory's sweet torment. Theatre of memory, dark paintings. Paintings of memory, dark theatre.

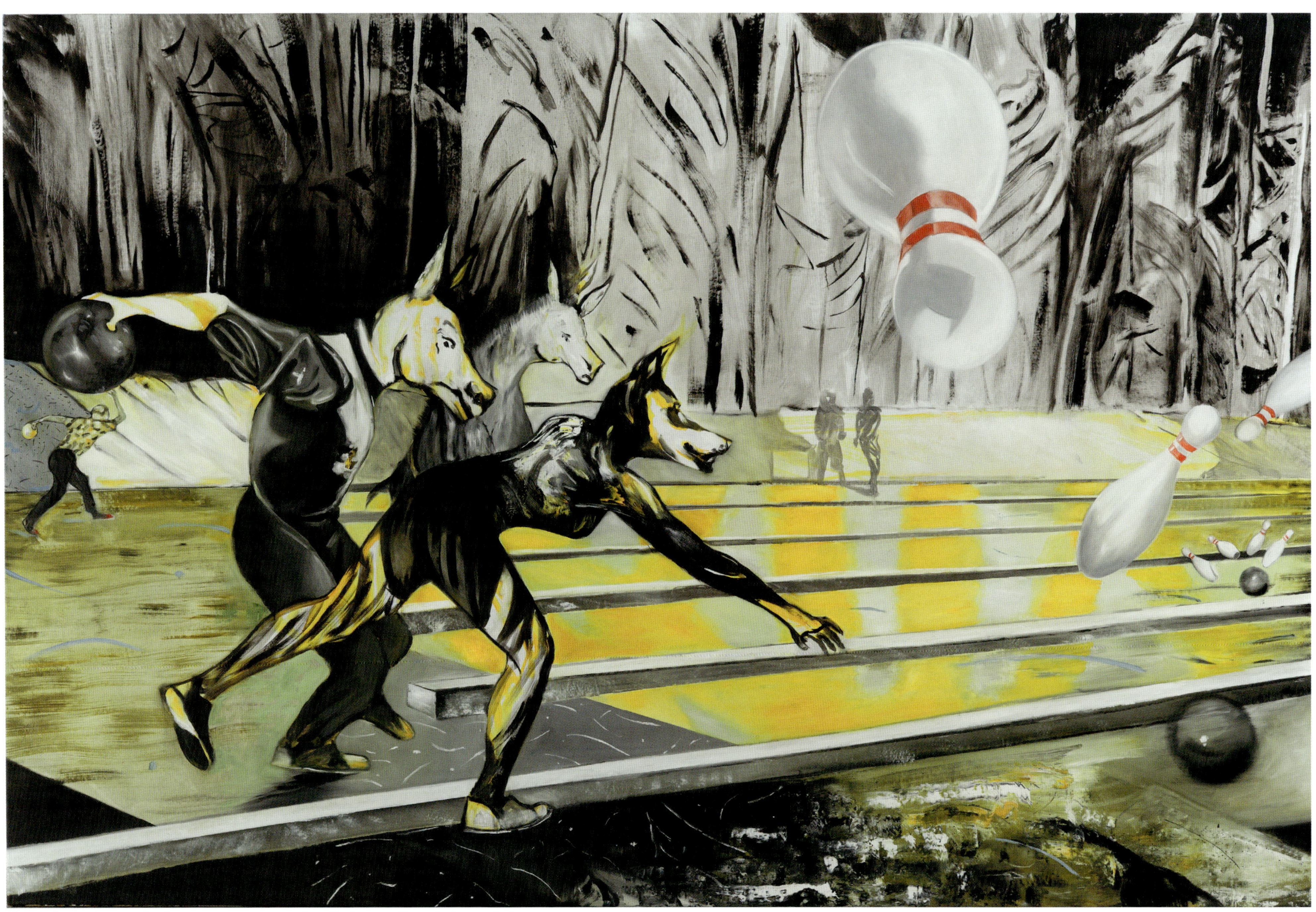

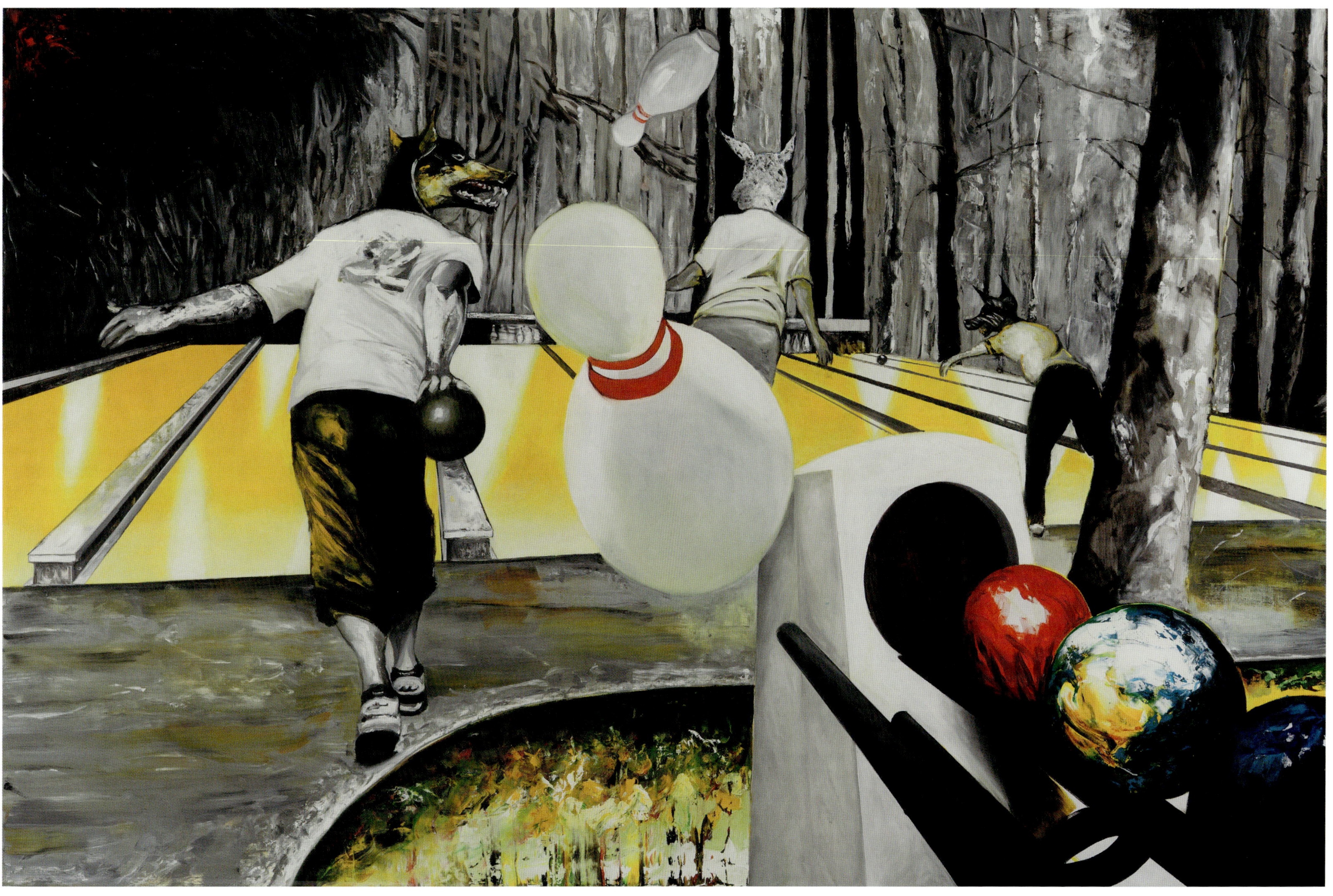

S.14/15 **Waldbowling I,** 200 × 300 cm, Öl auf Leinwand, 2012
Waldbowling III, 200 × 300 cm, Öl auf Leinwand, 2012

Waldbowling II, 200 × 300 cm, Öl auf Leinwand, 2012

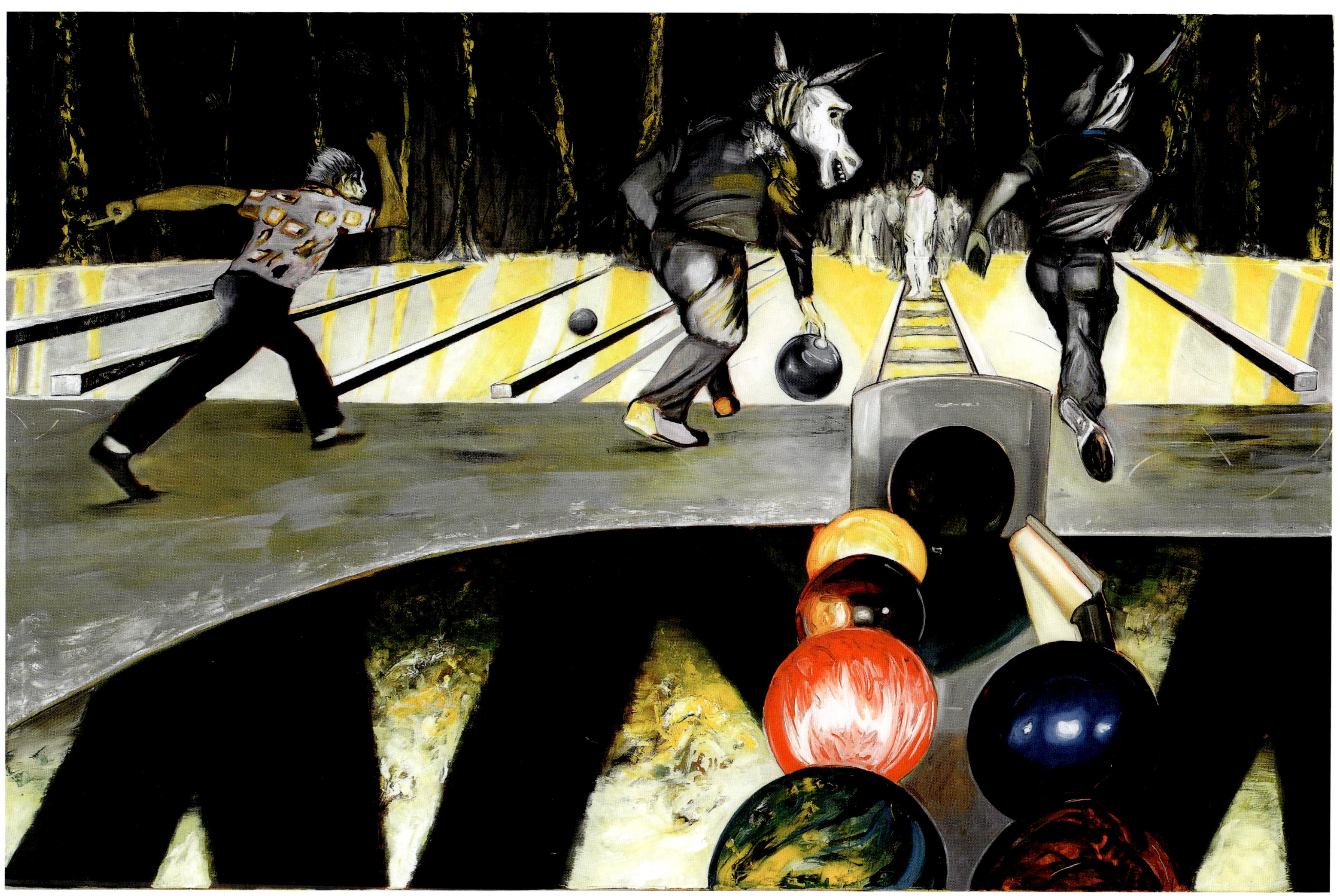

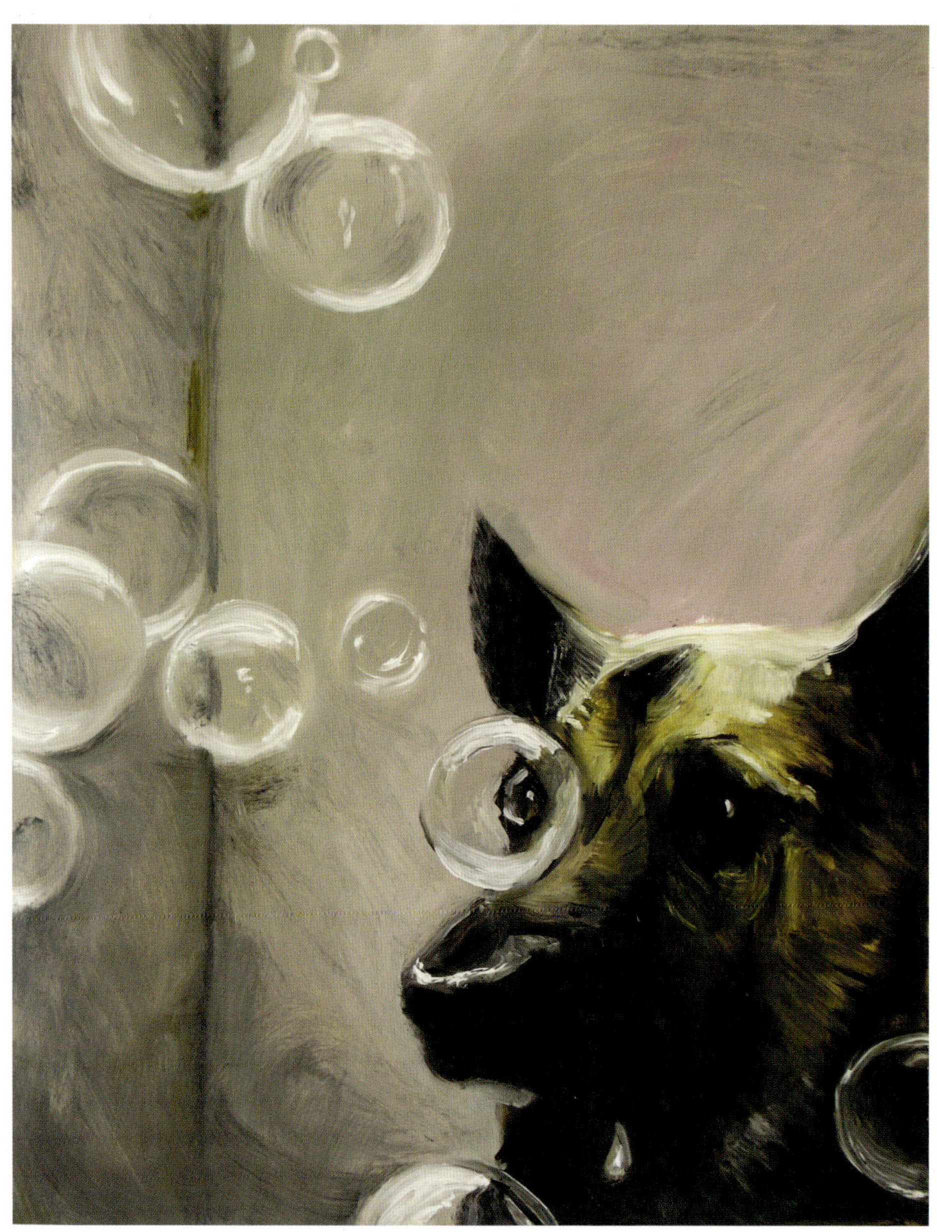

o.T., 65 × 50 cm, Öl auf Papier, 2012

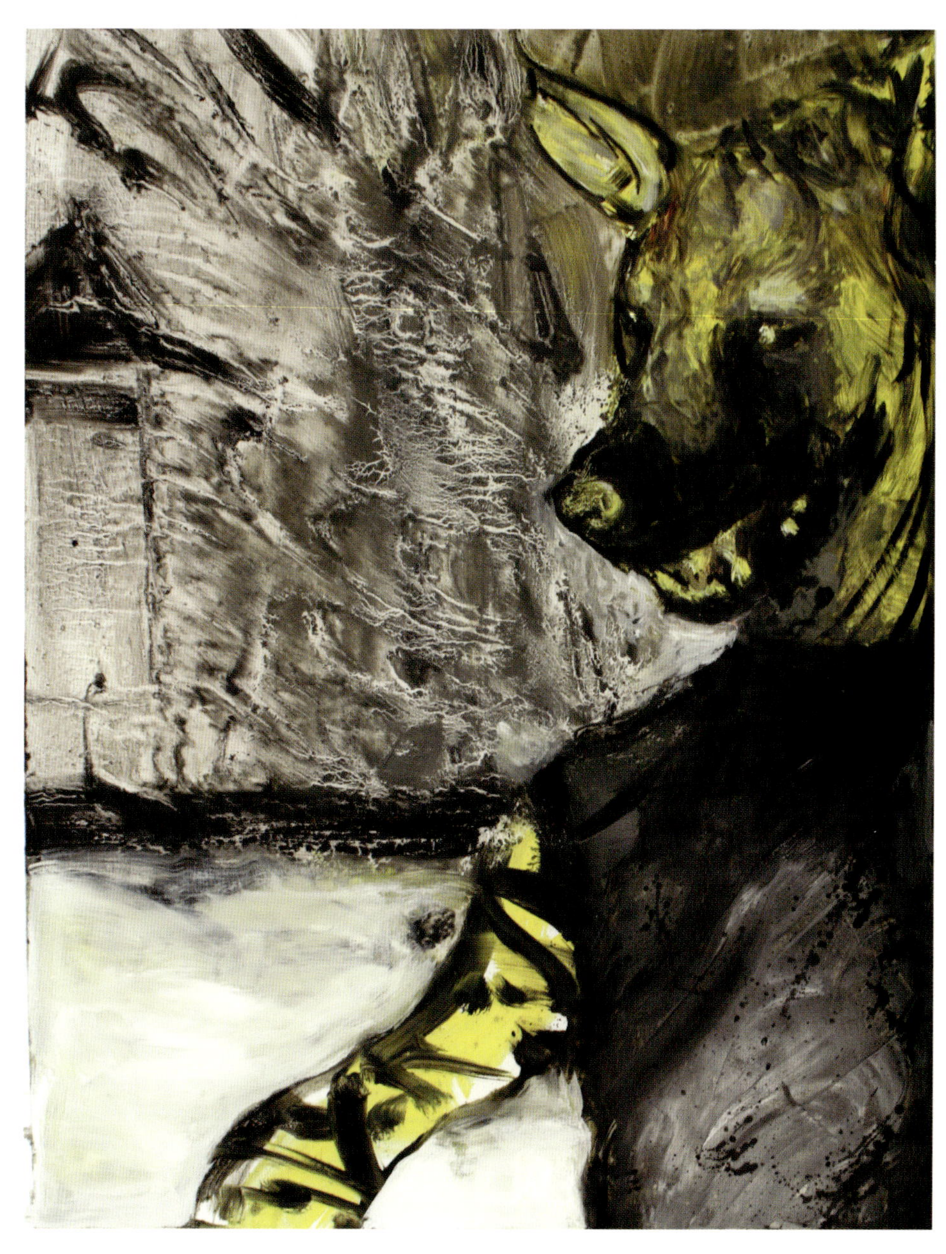

o.T., 65 × 50 cm, Öl auf Papier, 2012

o.T., 200 × 300 cm, Öl auf Leinwand, 2012

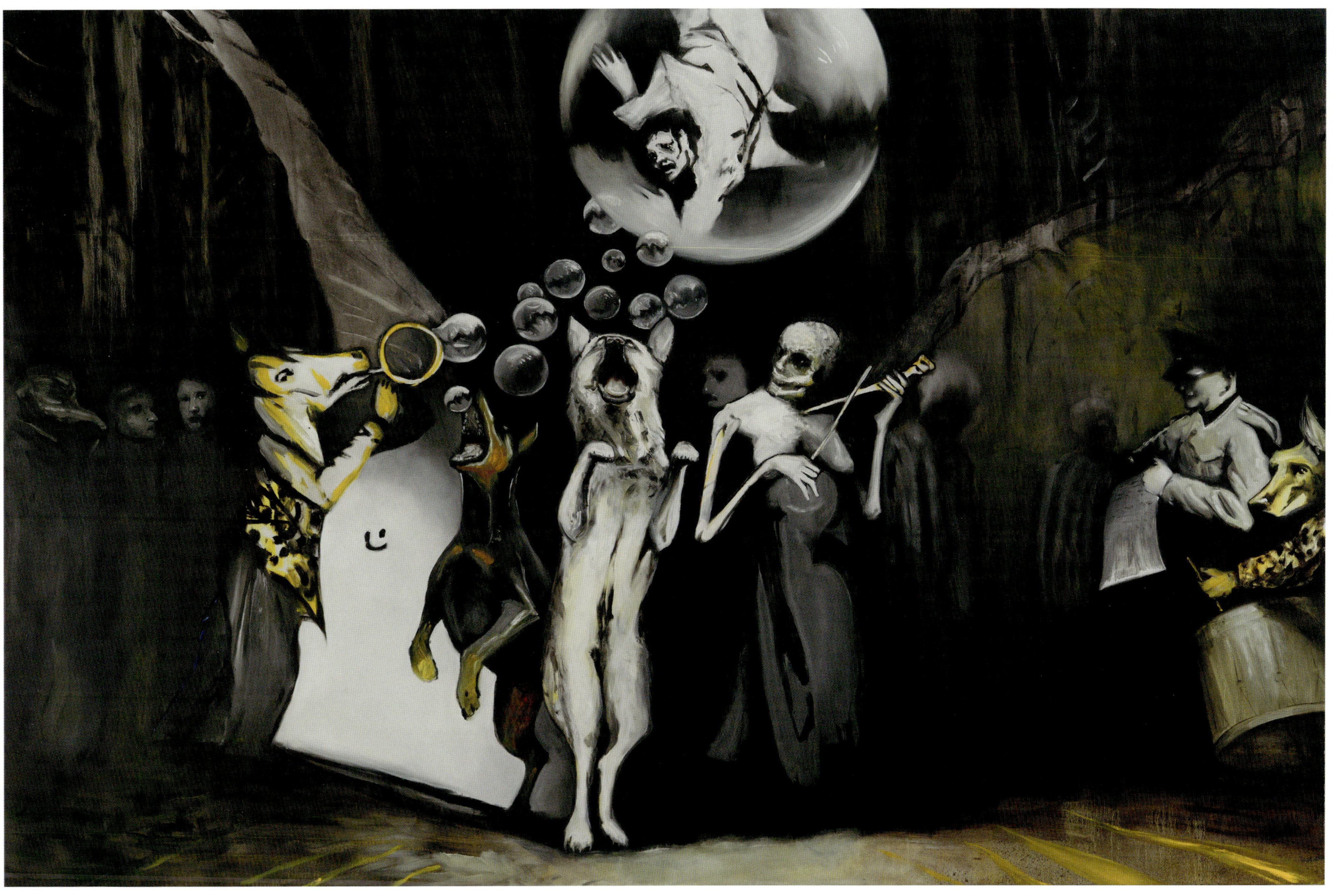

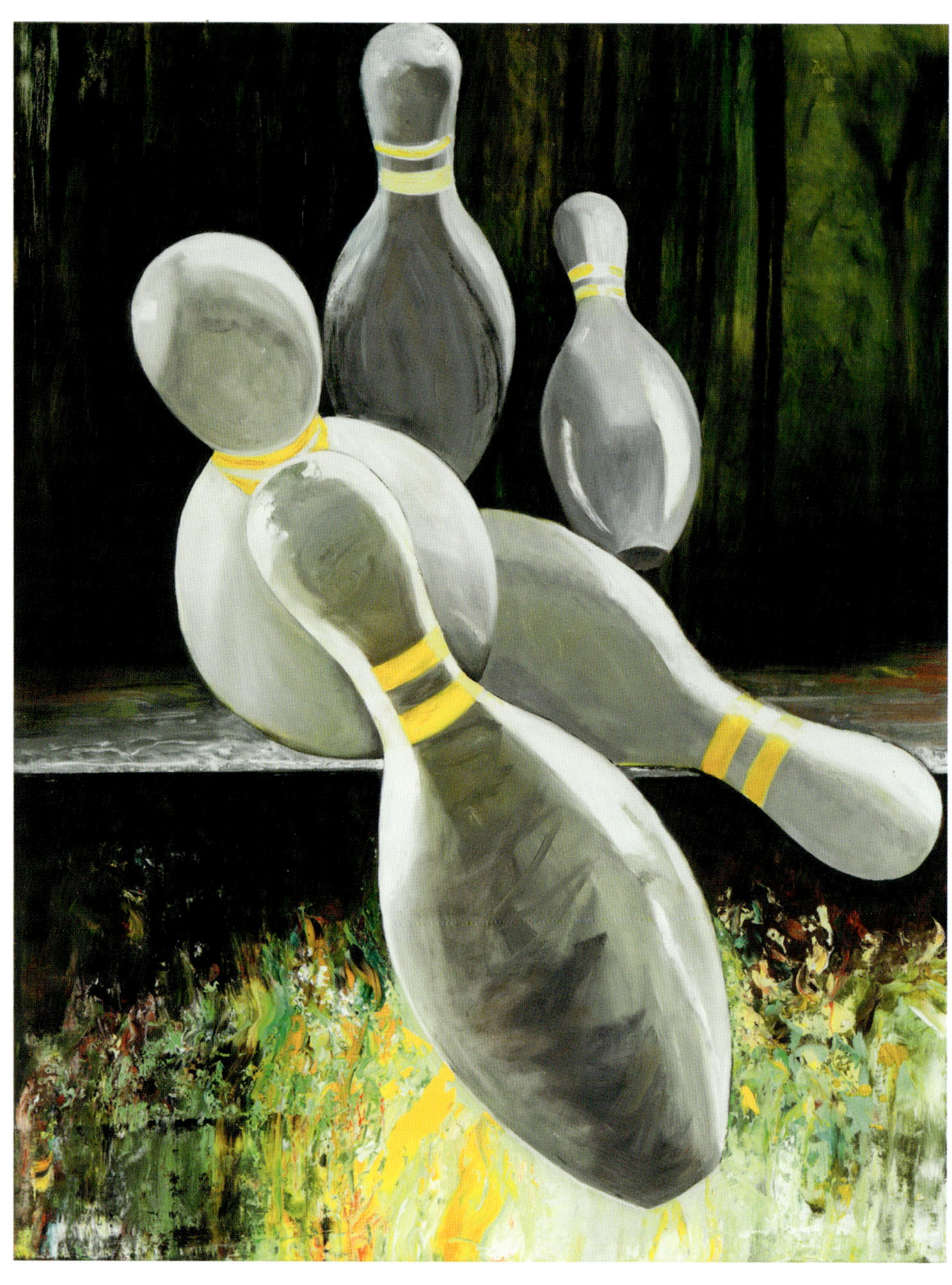

Triptych Bowling, 200 × 150 cm, 200 × 180 cm, 200 × 150 cm, Öl auf Leinwand, 2012

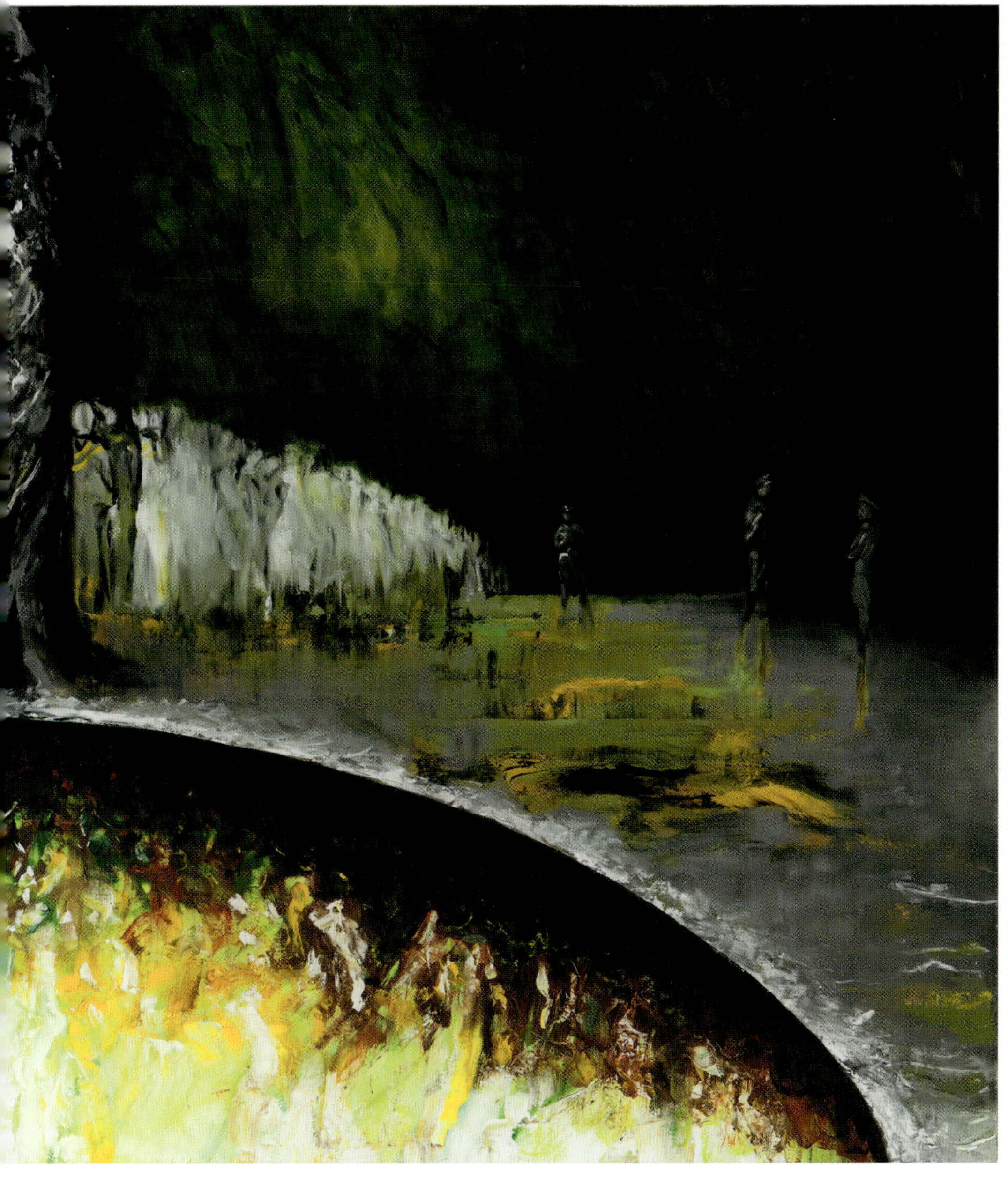
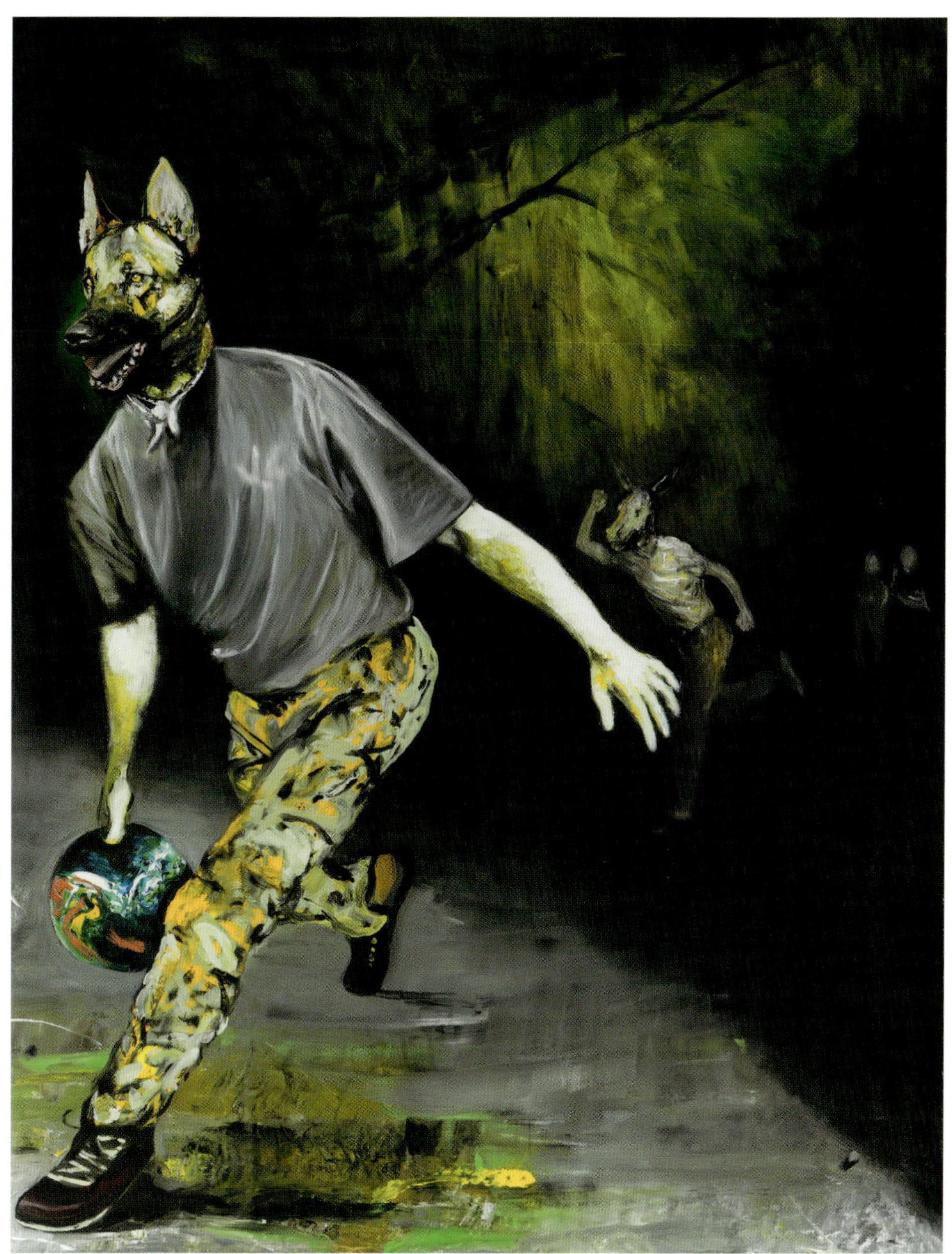

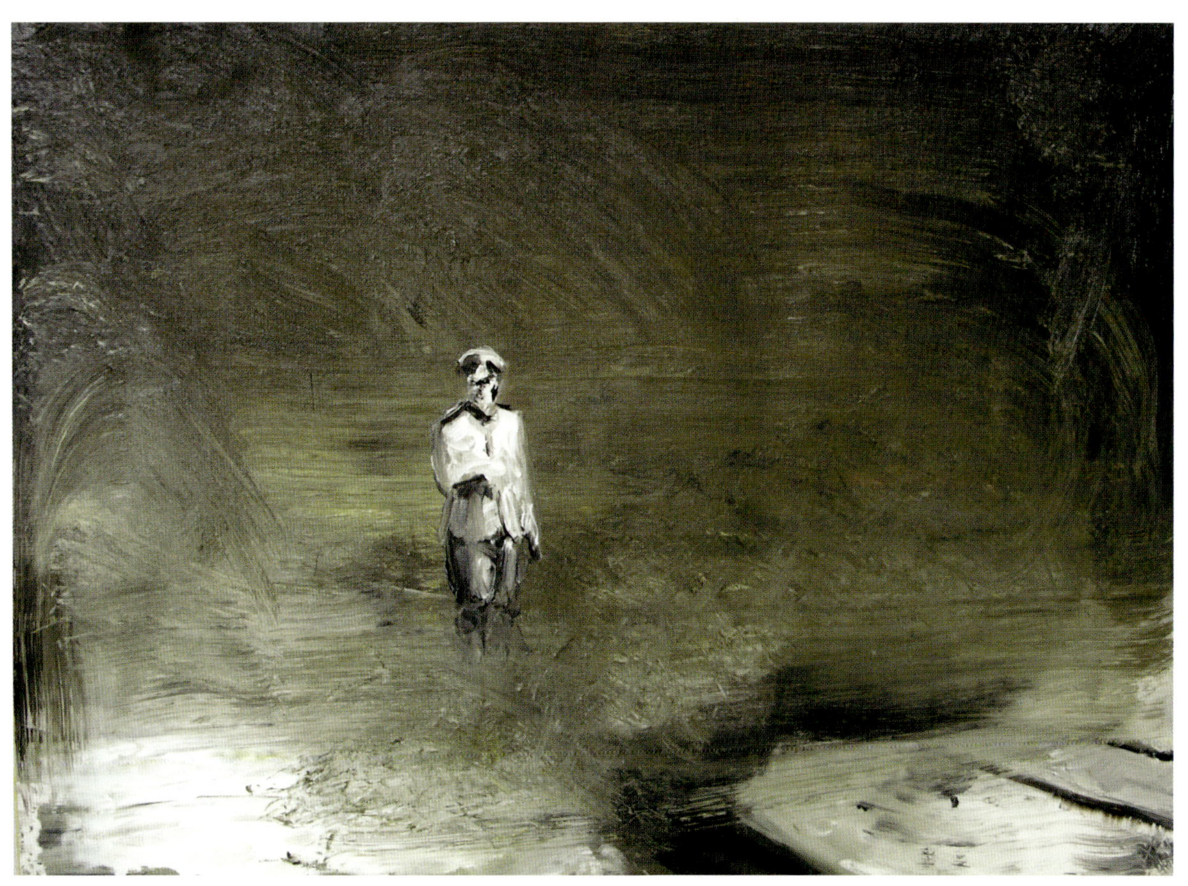

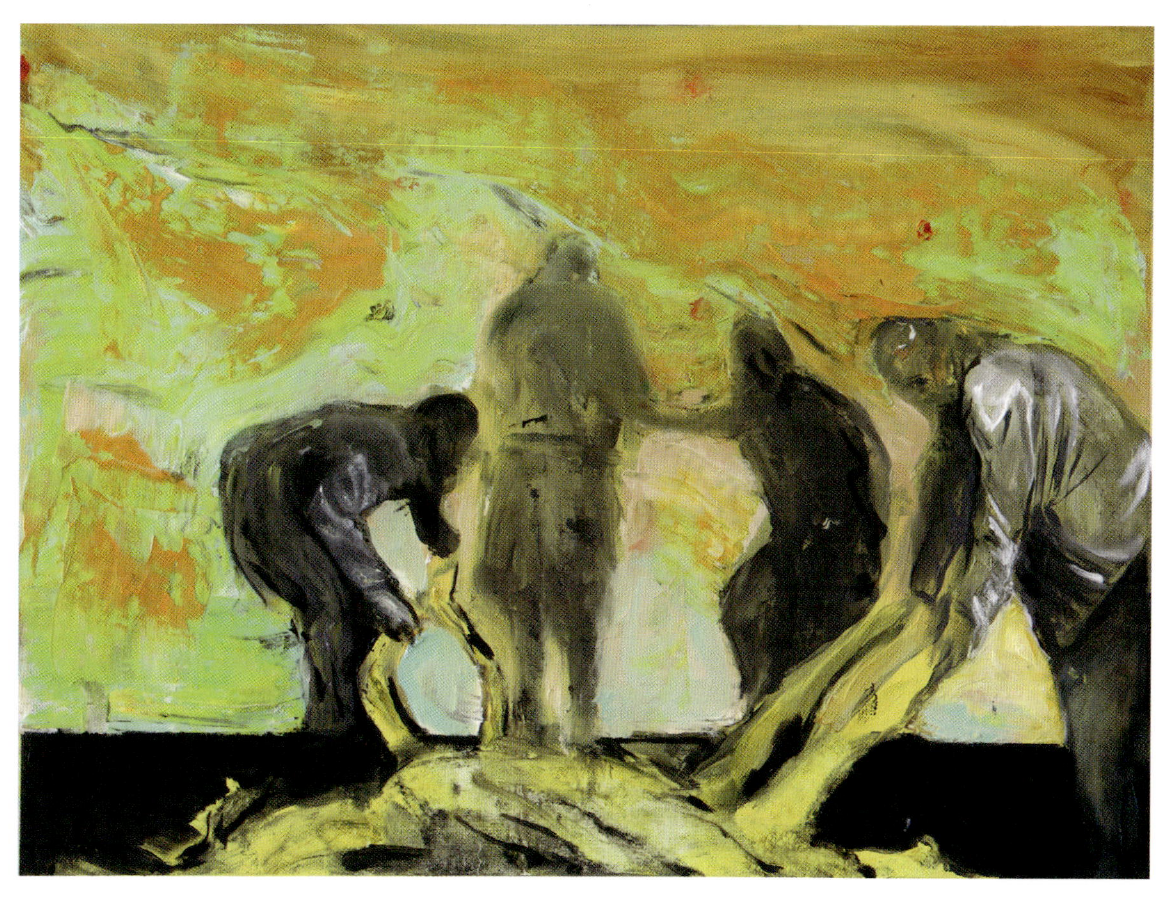

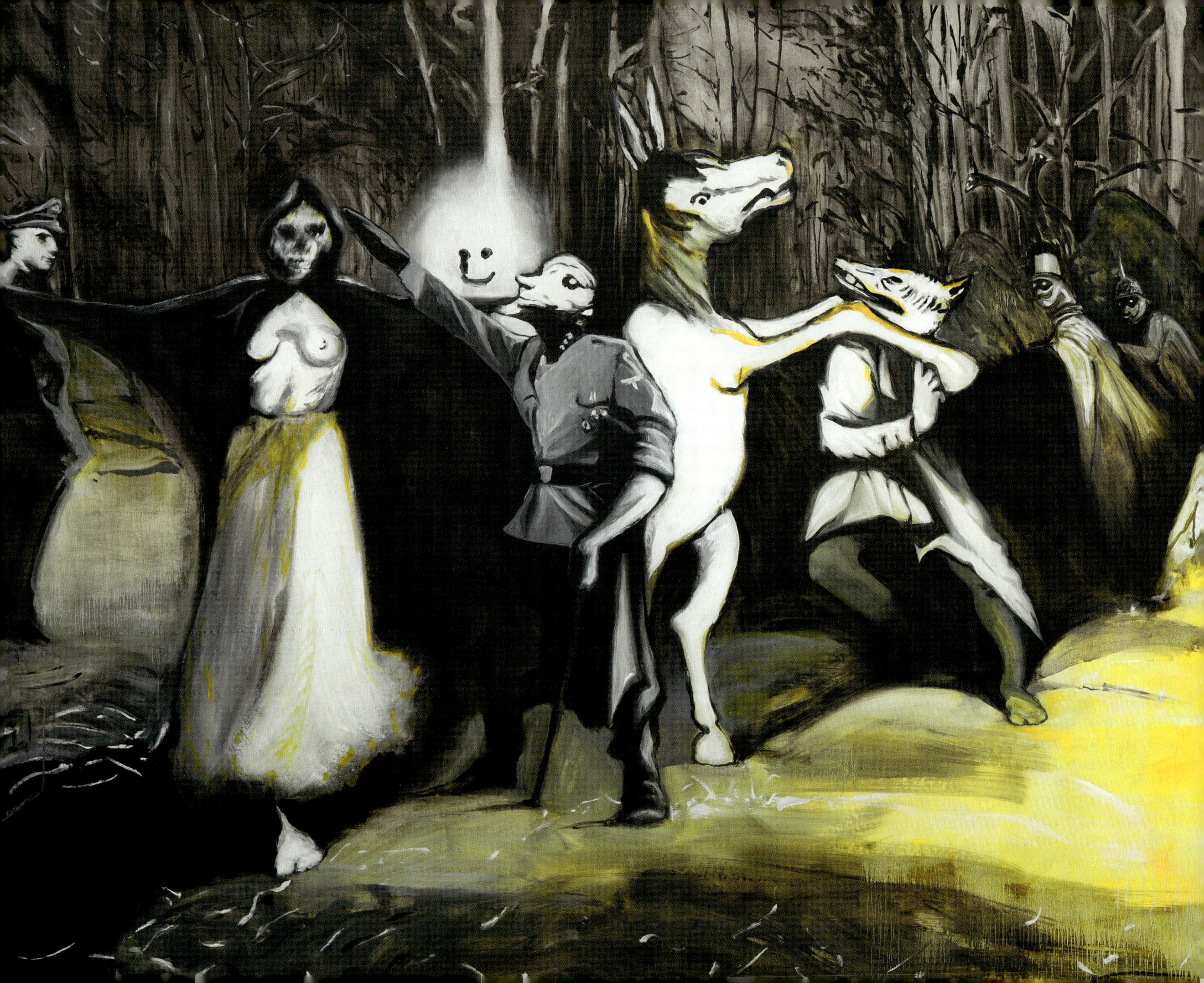

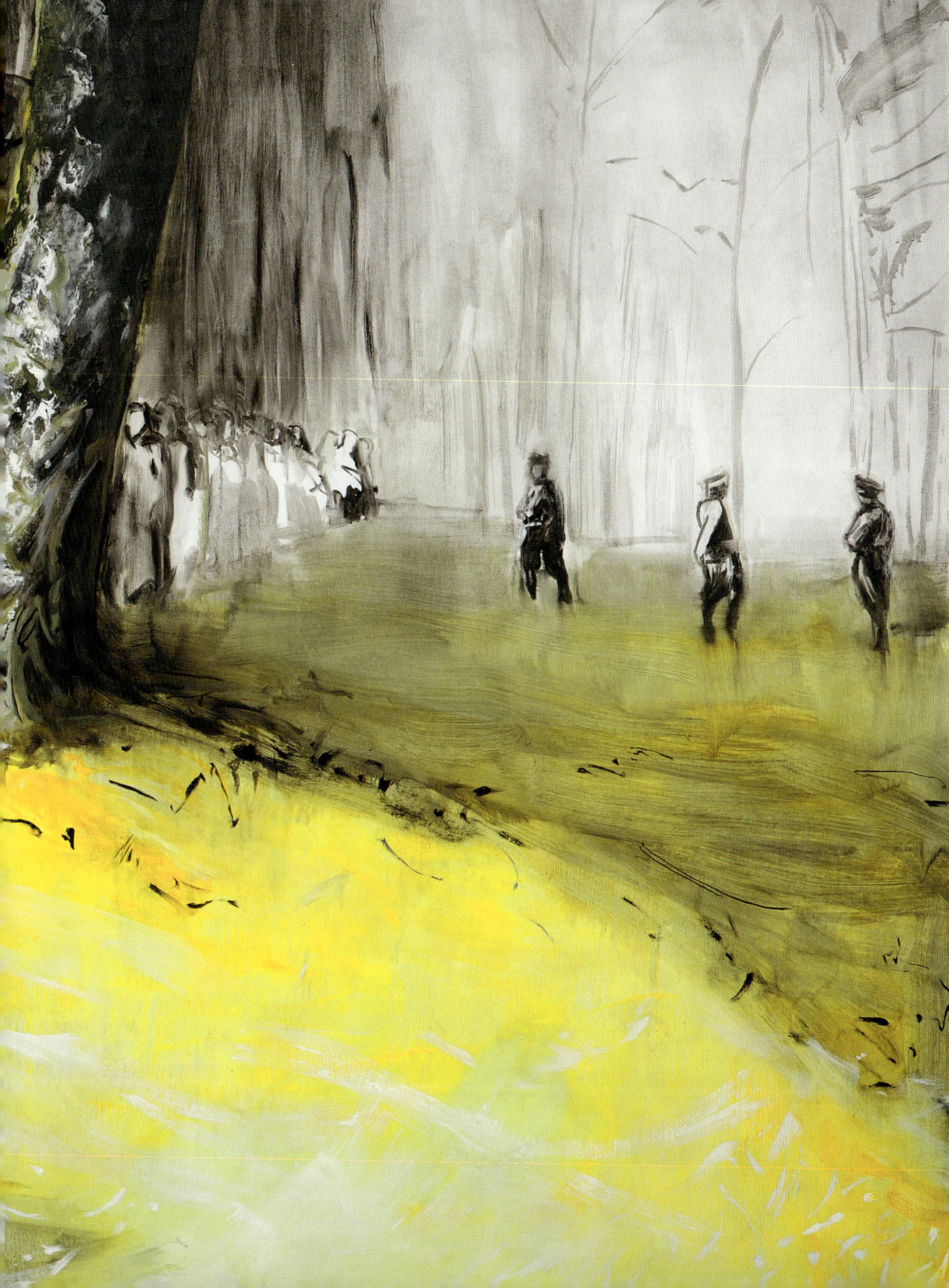

S. 24/25   **o.T.**, 30 × 40 cm, Öl auf Leinwand, 2012
            o.T., 30 × 40 cm, Öl auf Leinwand, 2012

            o.T., 200 × 400 cm, Öl auf Leinwand, 2012

o.T., 65 × 50 cm, Öl auf Papier, 2012

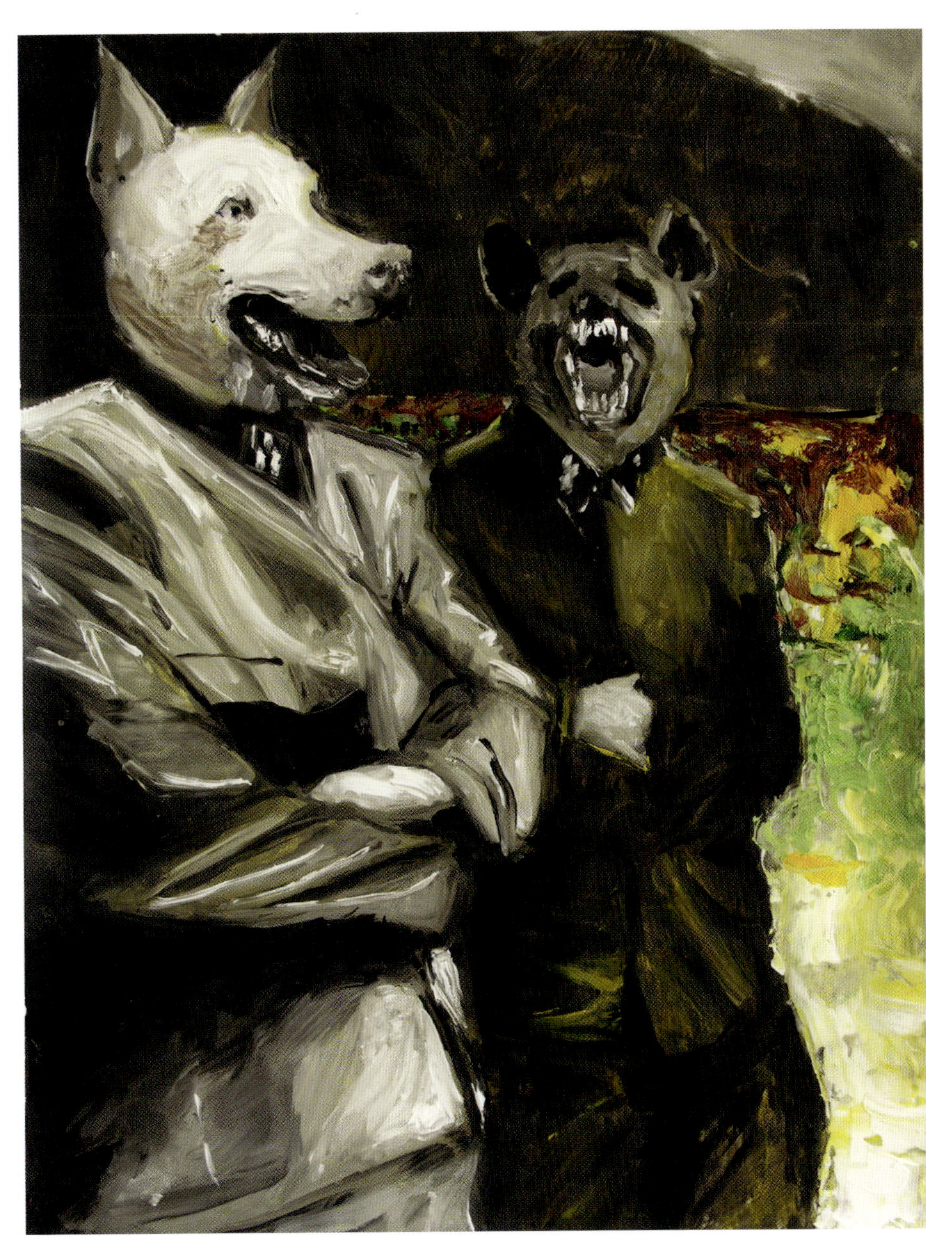

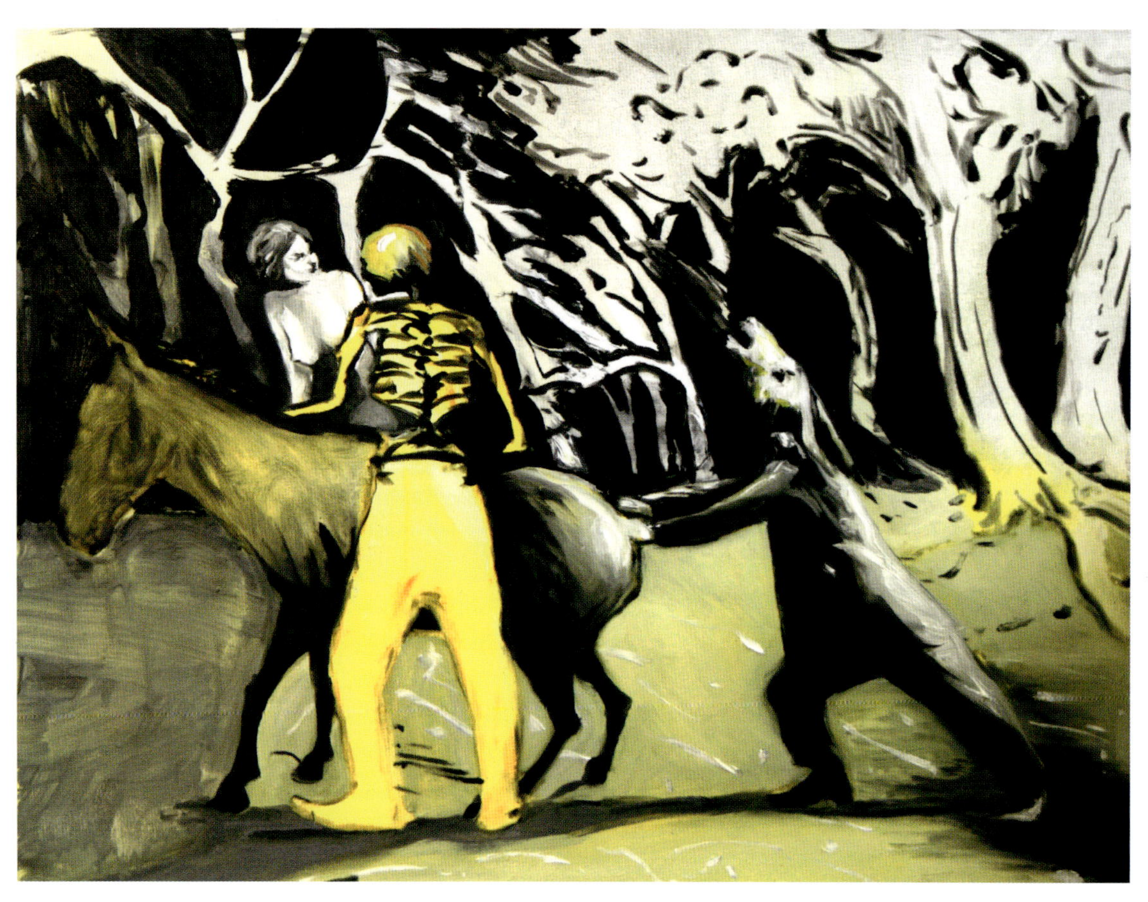

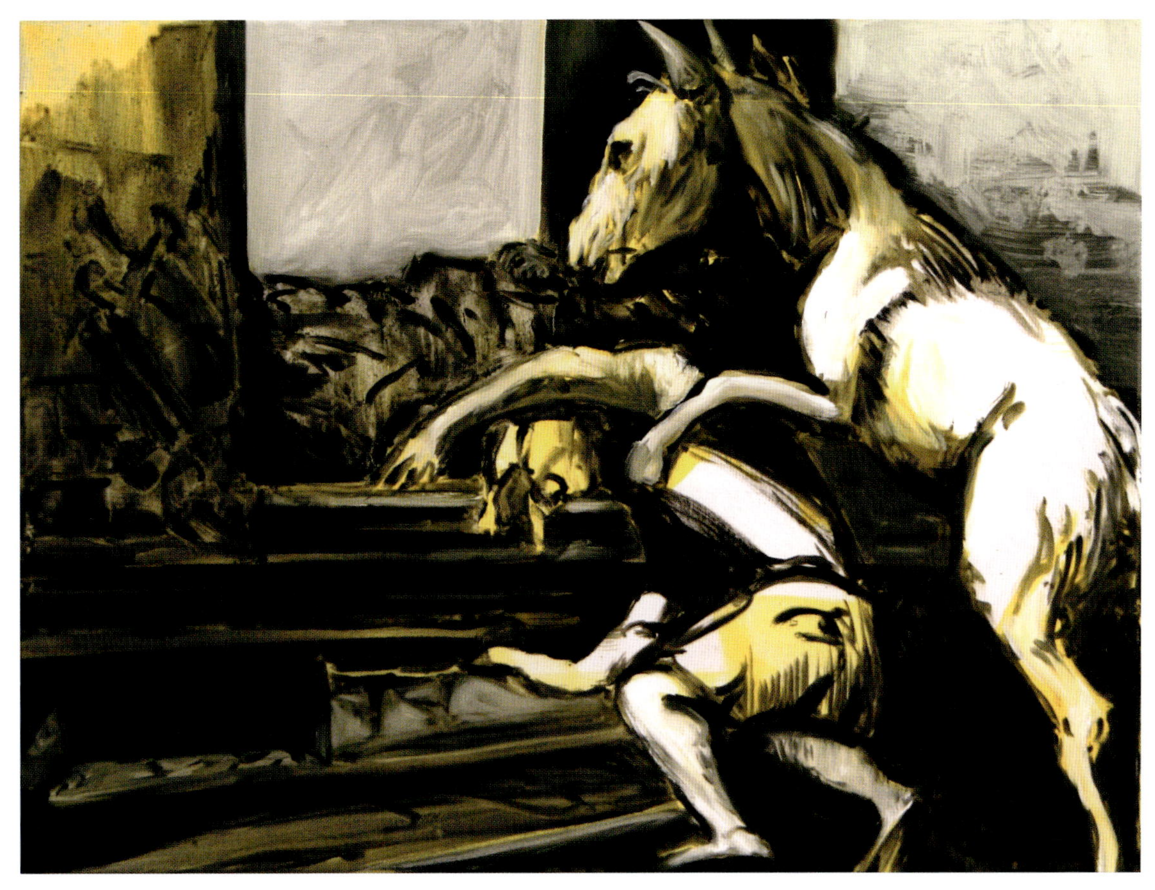

S. 30/31   **o.T.**, 65 × 85 cm, Öl auf Leinwand, 2012
            o.T., 65 × 85 cm, Öl auf Leinwand, 2012

            o.T., 200 × 290 cm, Öl auf Leinwand, 2012

S. 34/35   **o.T.**, 200 × 300 cm, Öl auf Leinwand, 2012
            o.T., 200 × 300 cm, Öl auf Leinwand, 2012

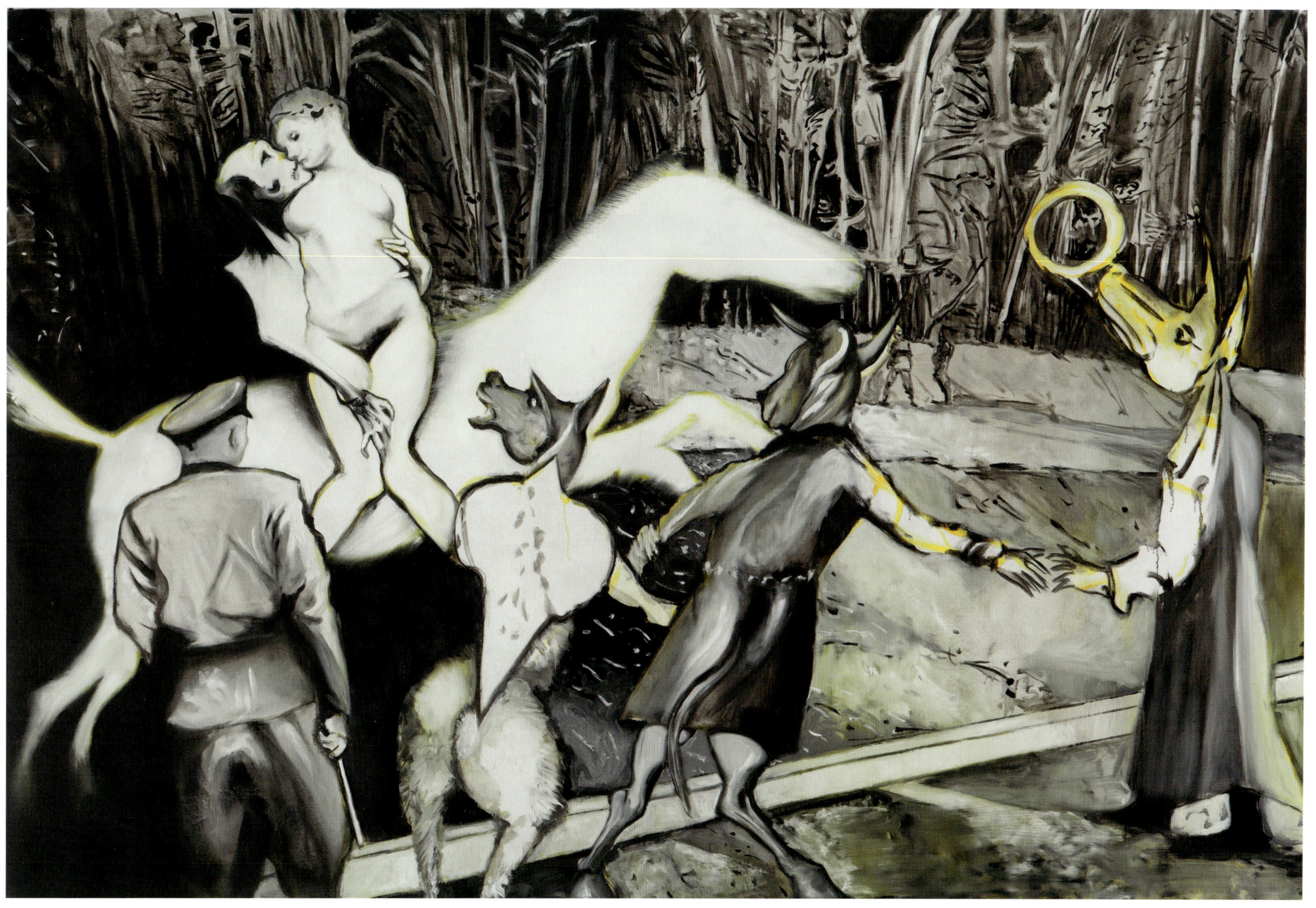

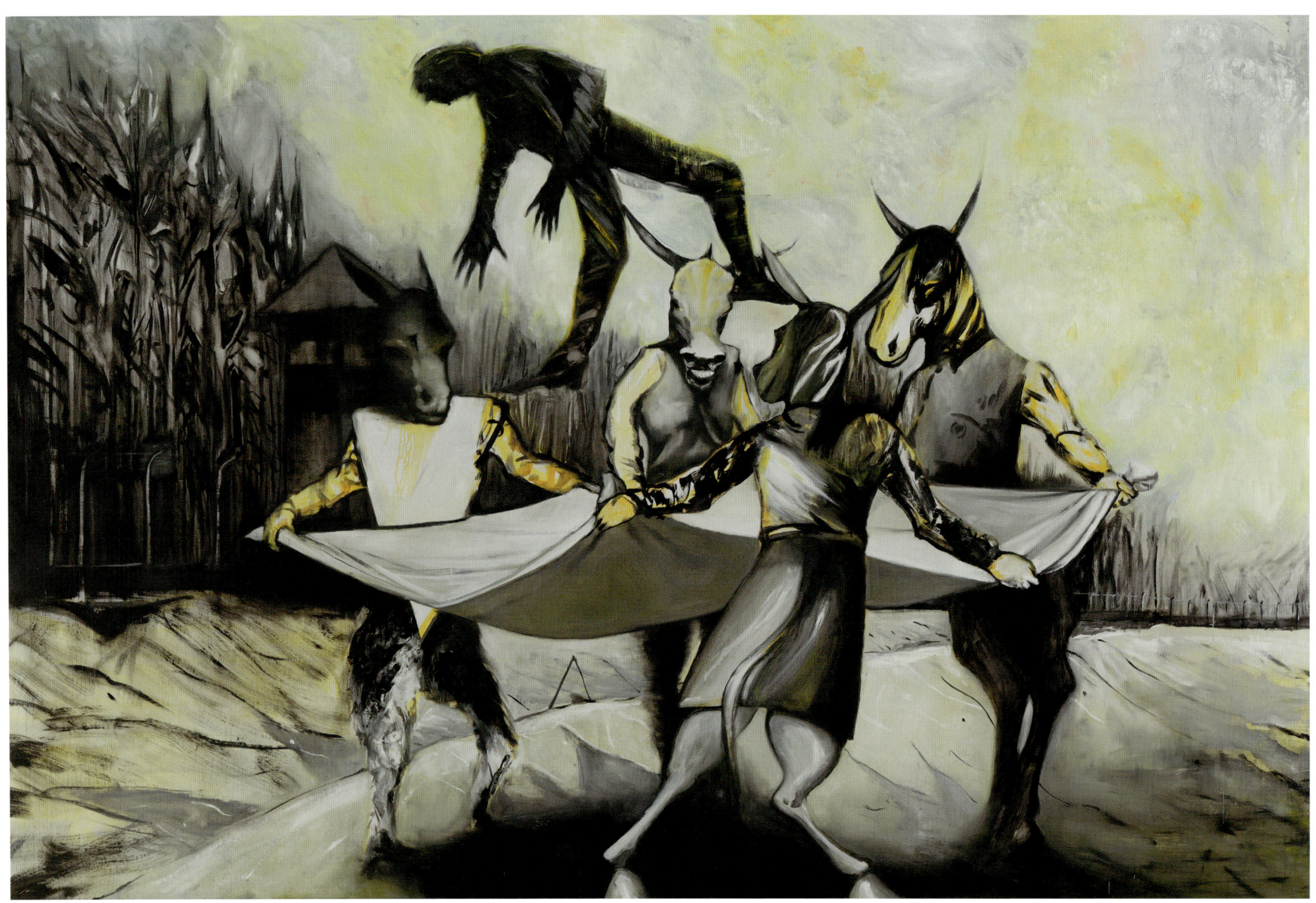

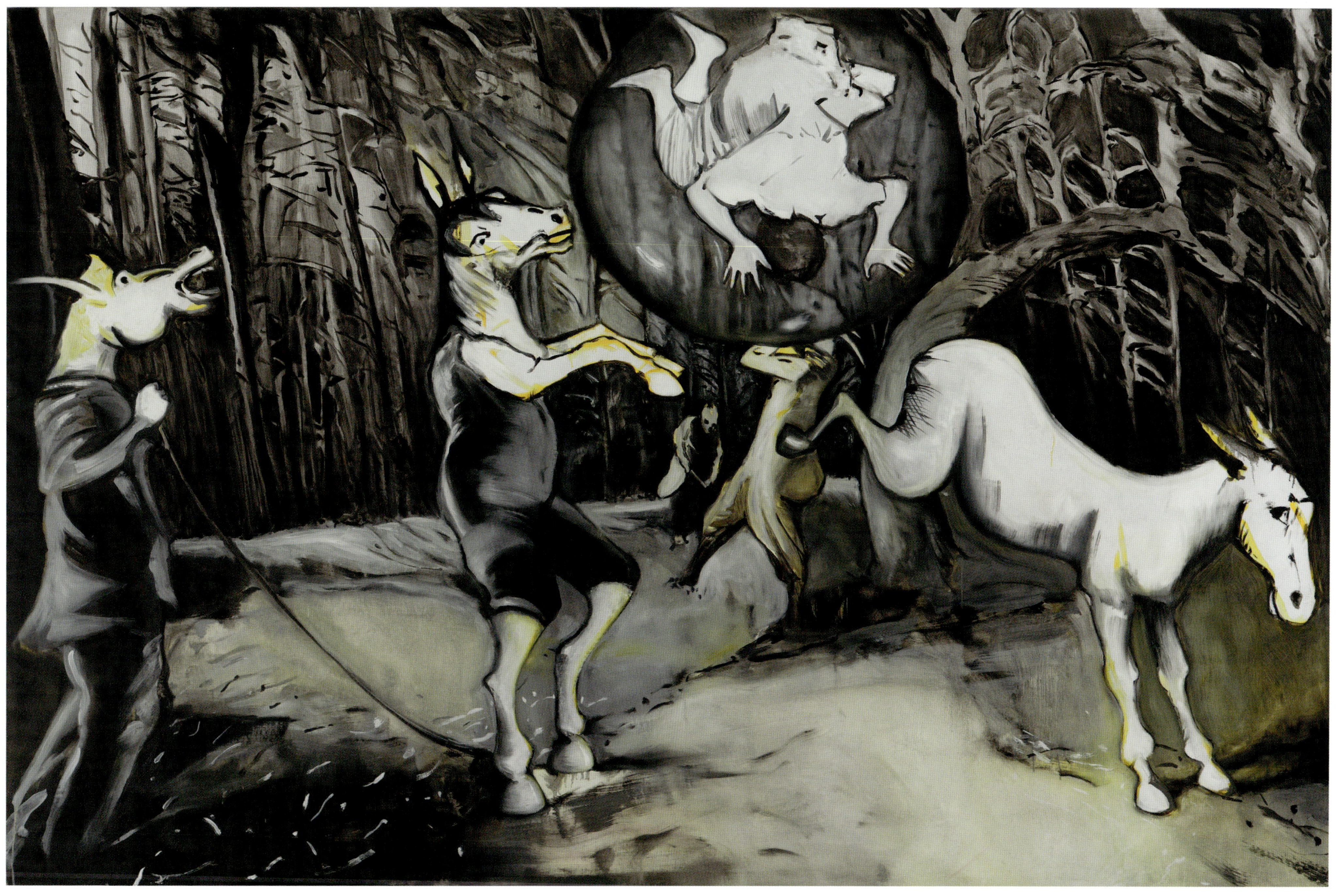

o.T., 65 × 50 cm, Öl auf Papier, 2012

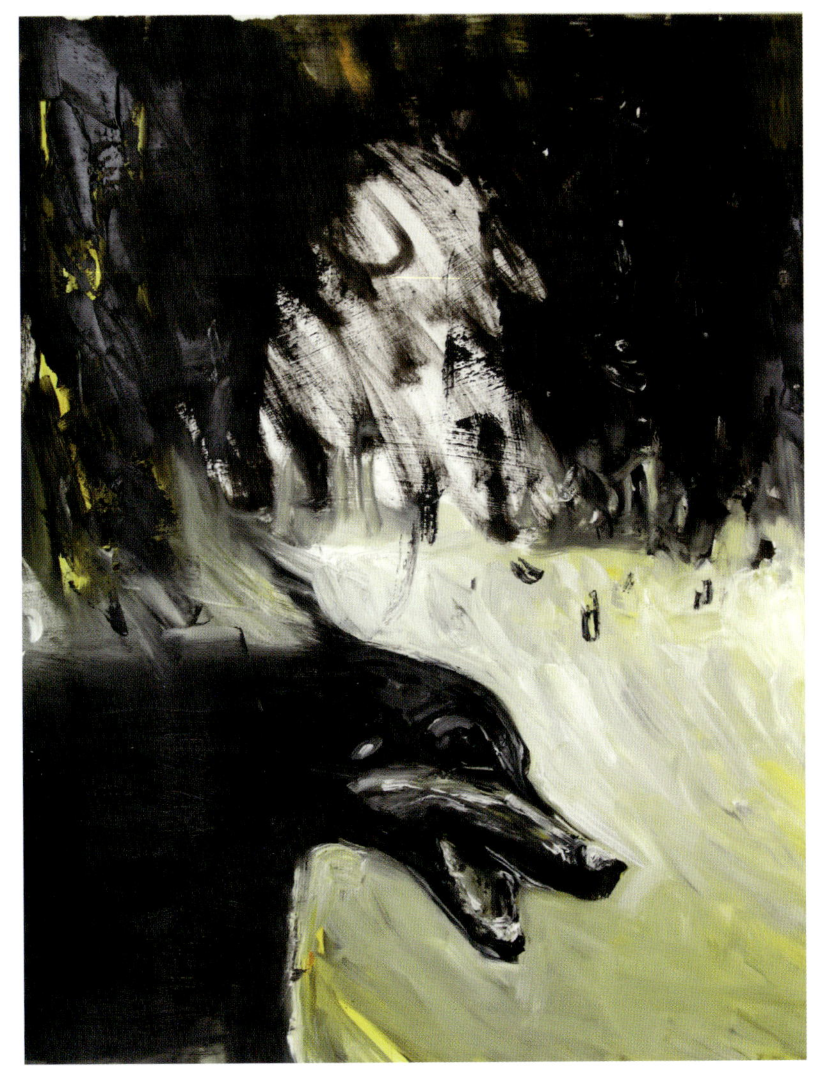
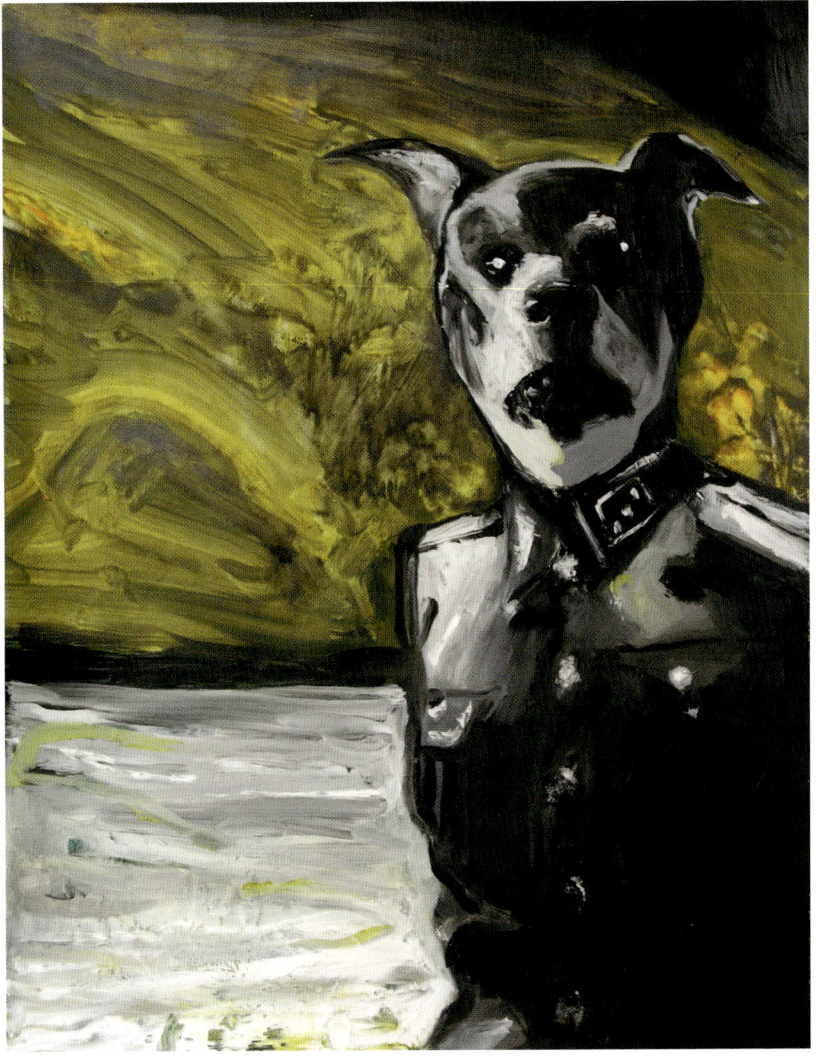

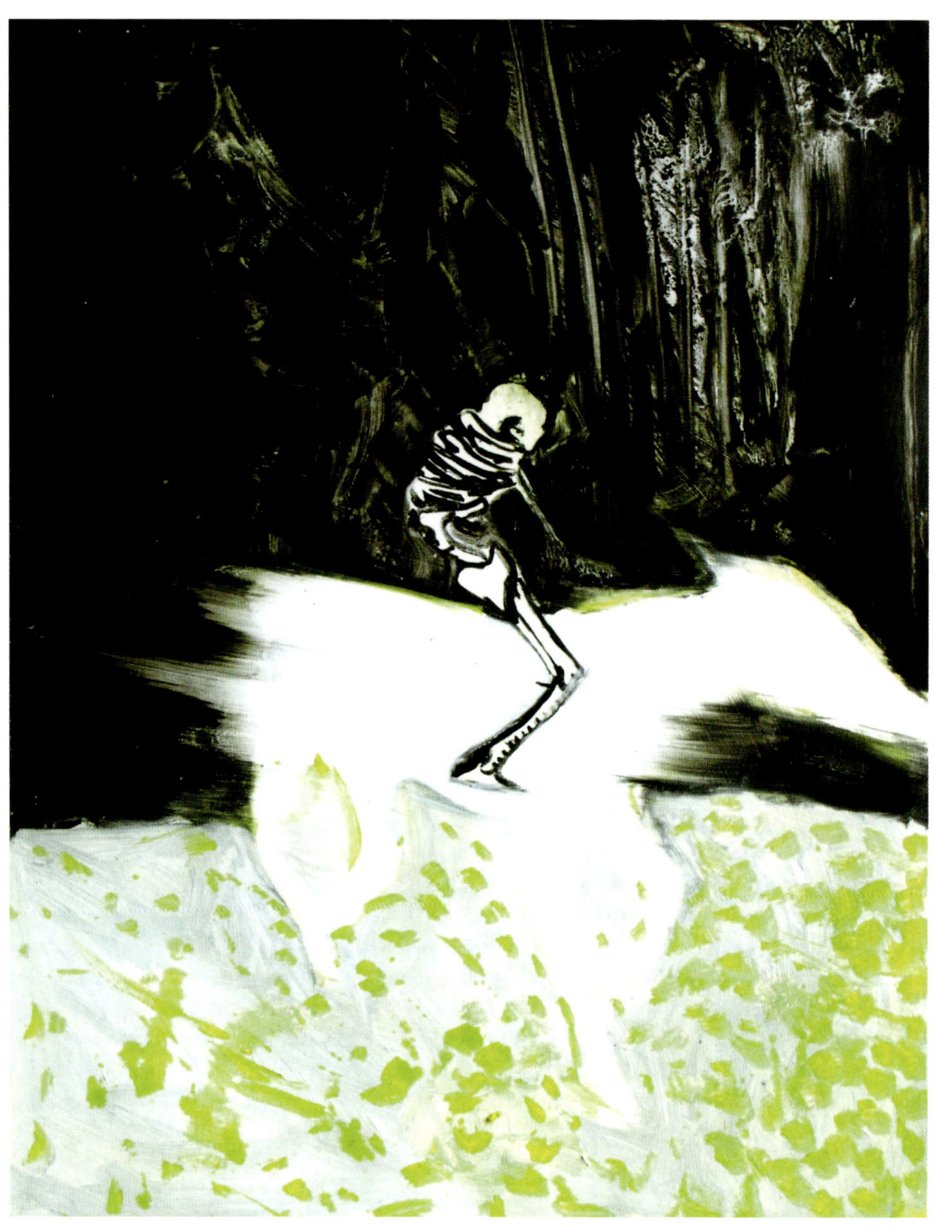

o.T., 65 × 50 cm, Öl auf Papier, 2012

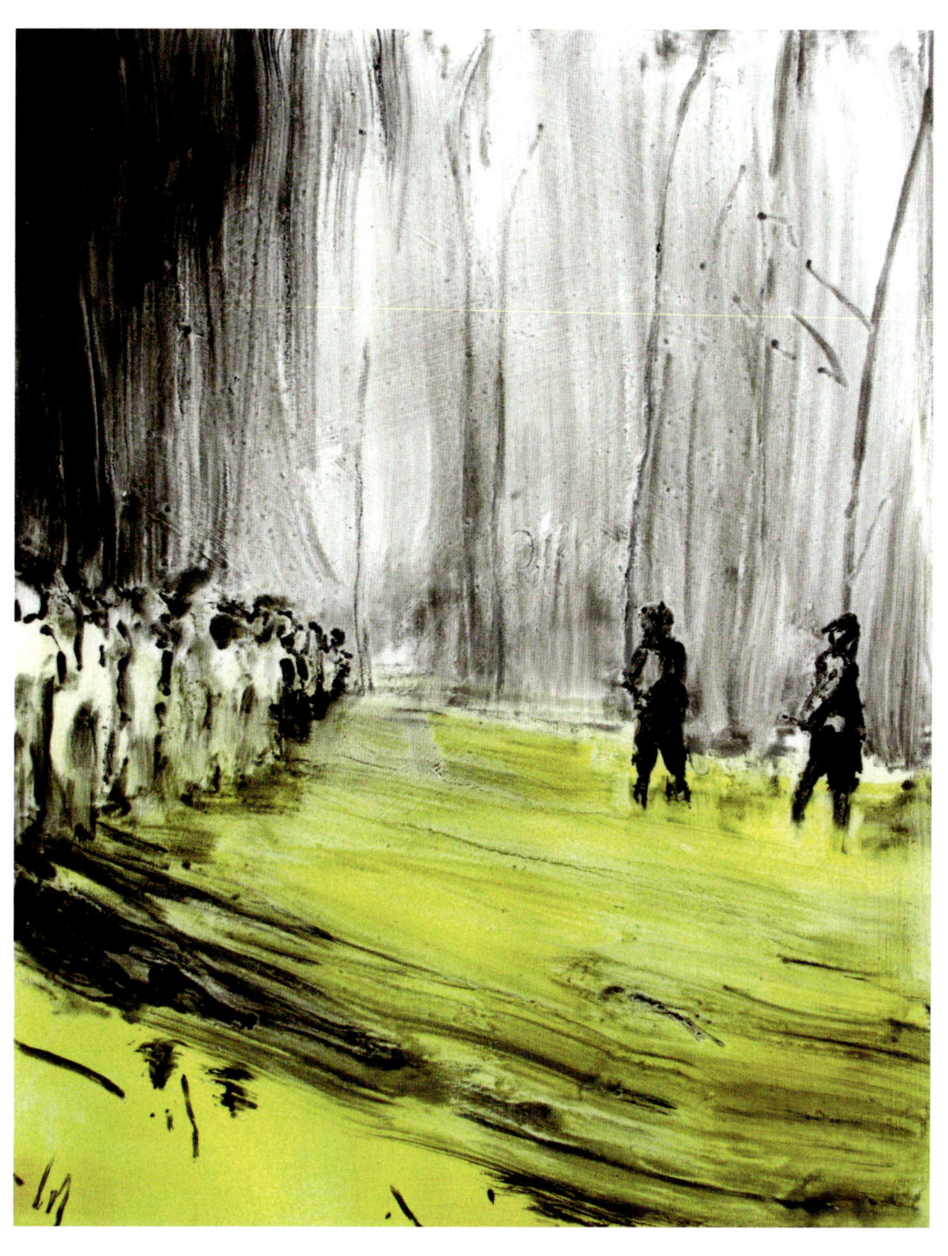

o.T., 65 × 50 cm, Öl auf Papier, 2012

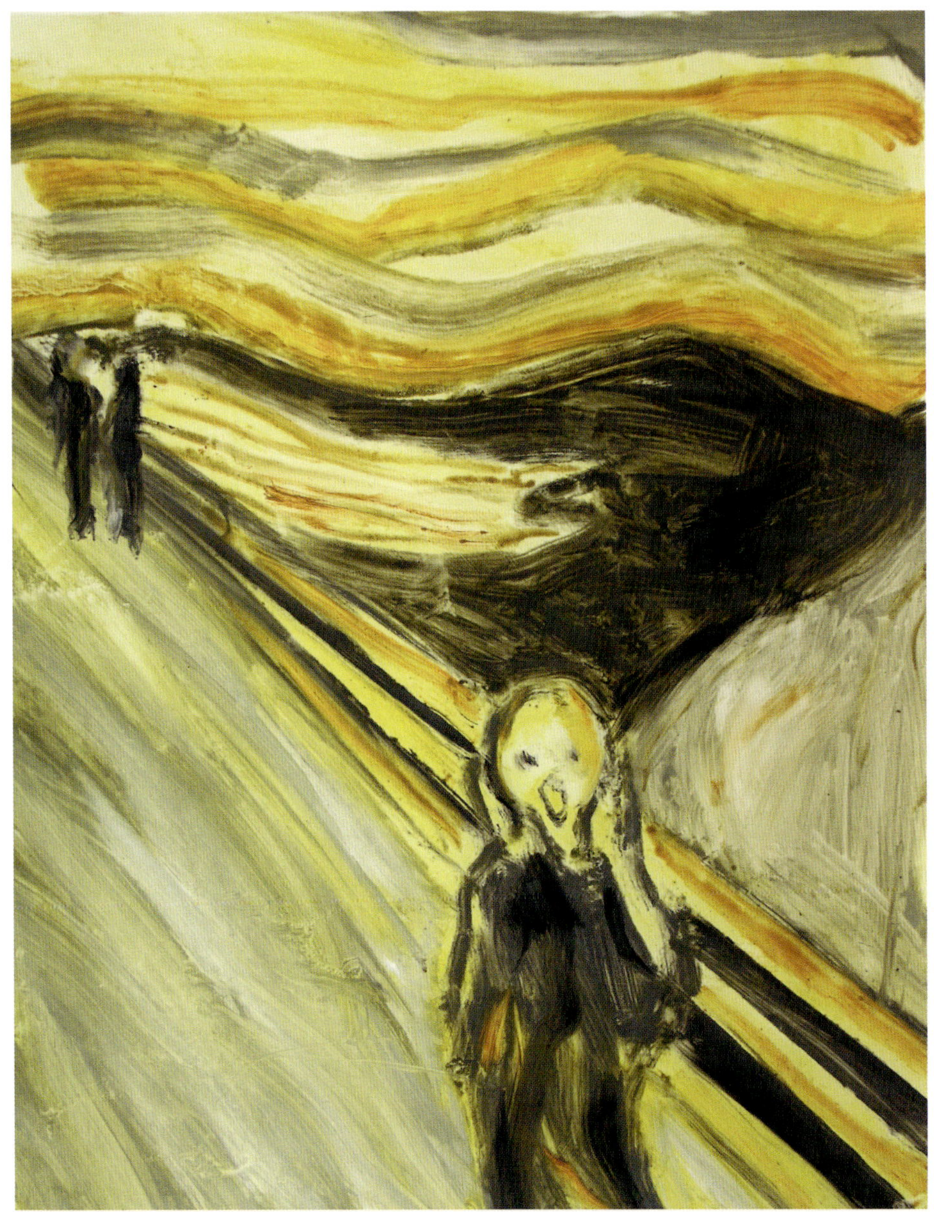

o.T., 65 × 50 cm, Öl auf Papier, 2012

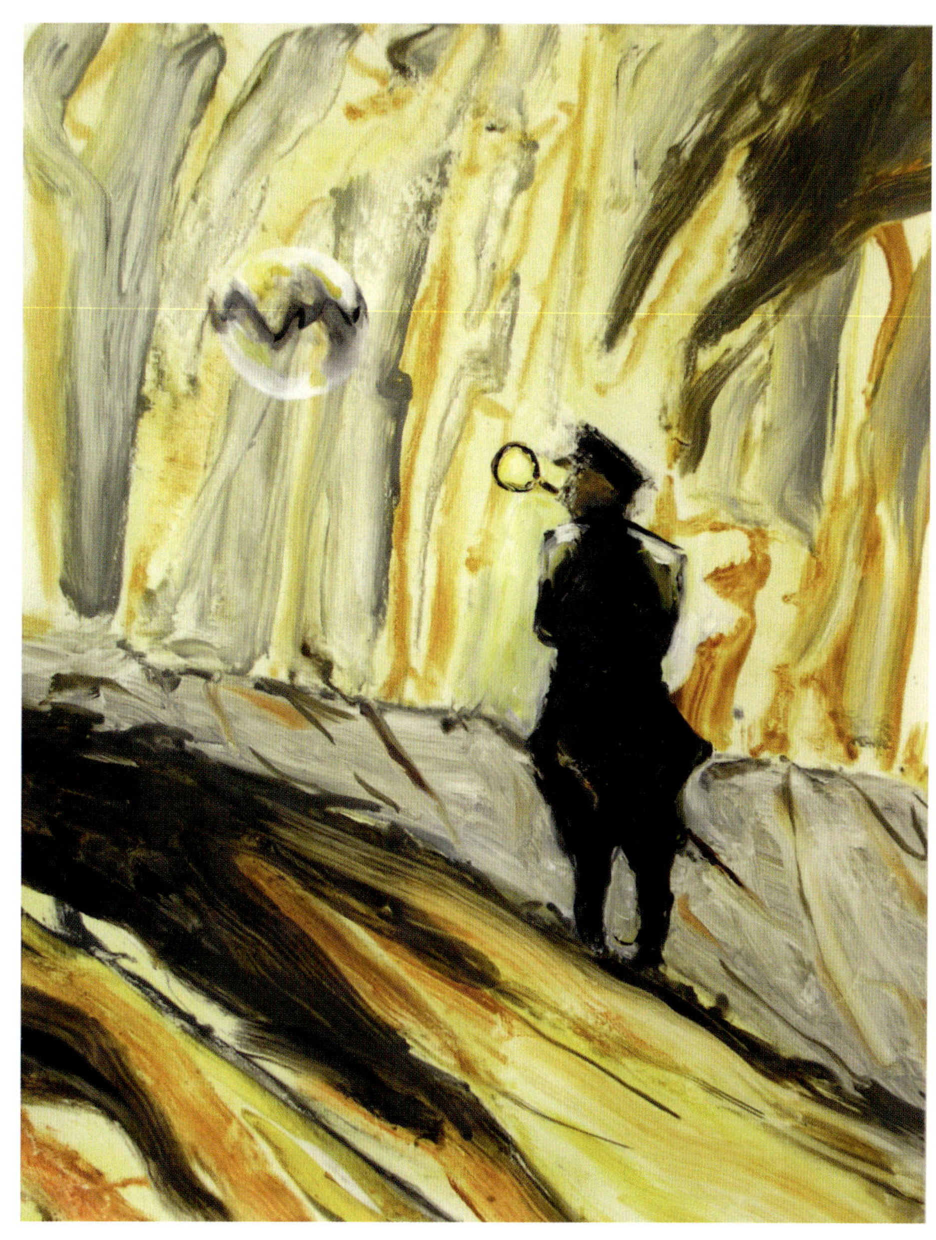

o.T., 65 × 50 cm, Öl auf Papier, 2012

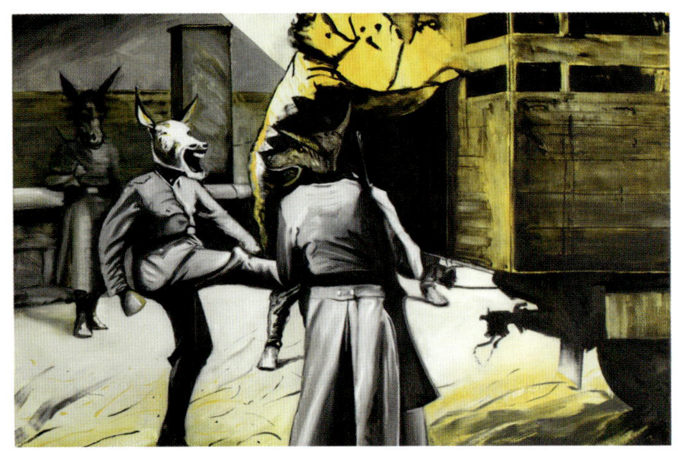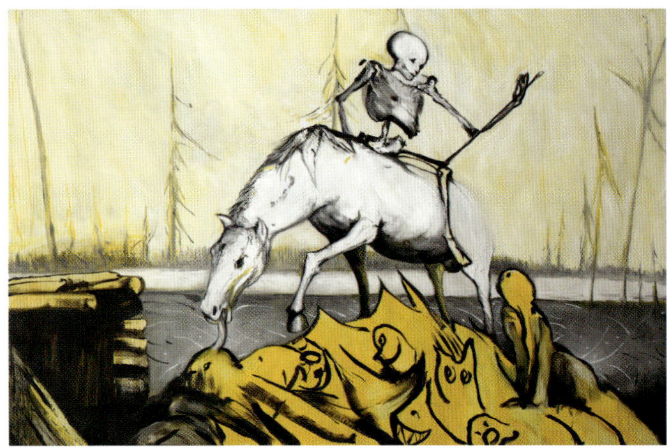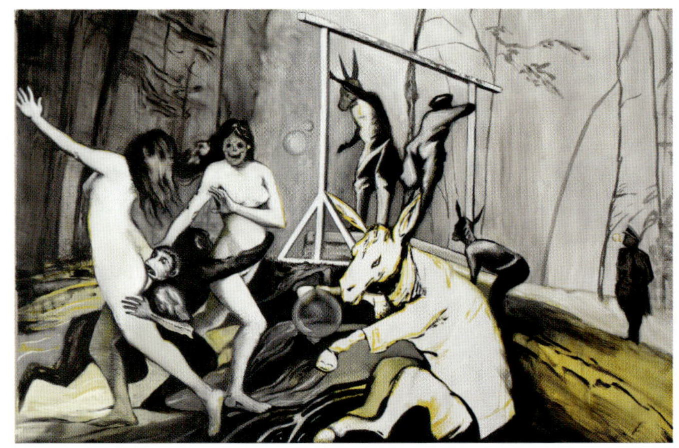

Triptych o.T., 3 × 200 × 300 cm, Öl auf Leinwand, 2012

S.43–45 **o.T.**, 200 × 300 cm, Öl auf Leinwand, 2012

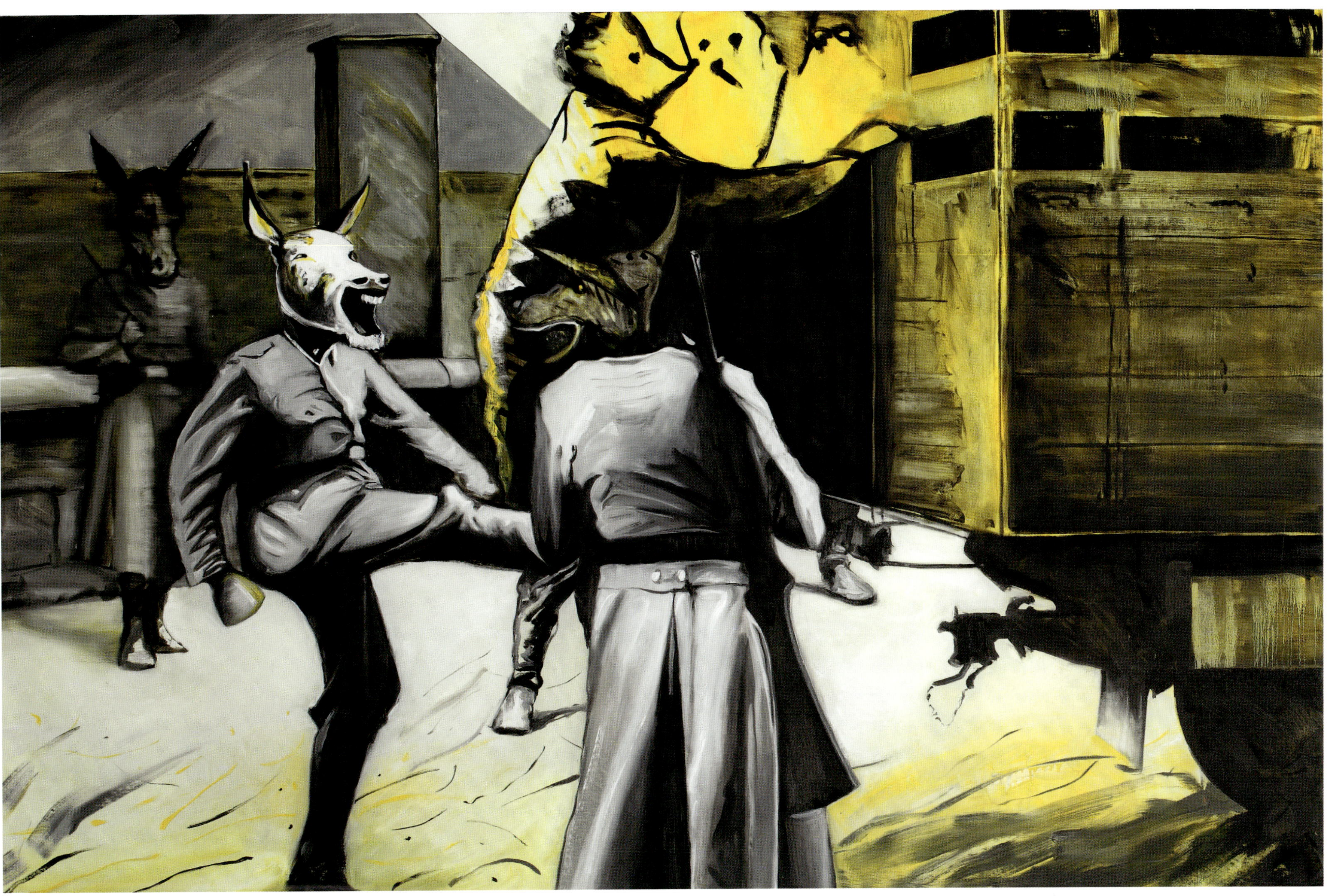

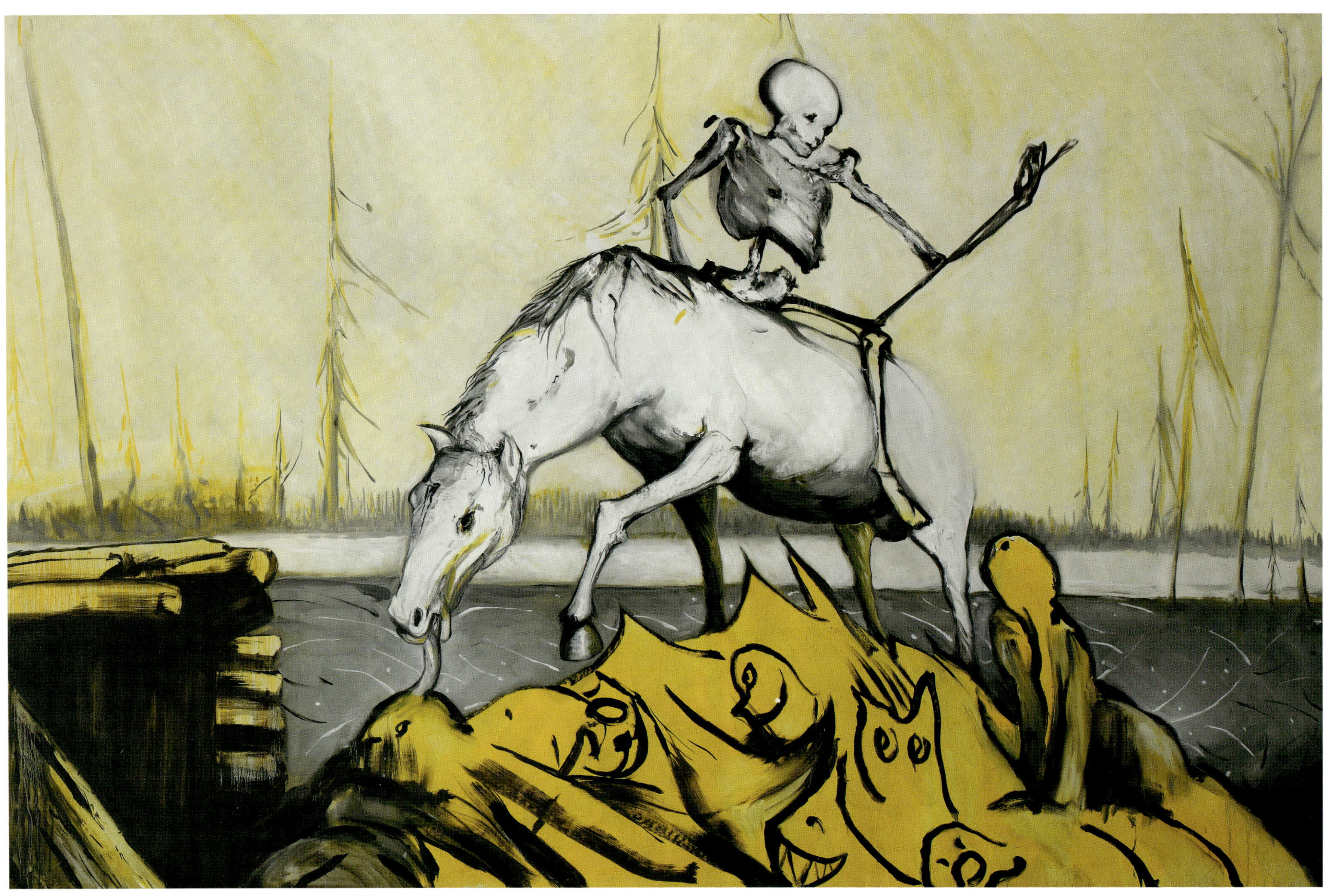

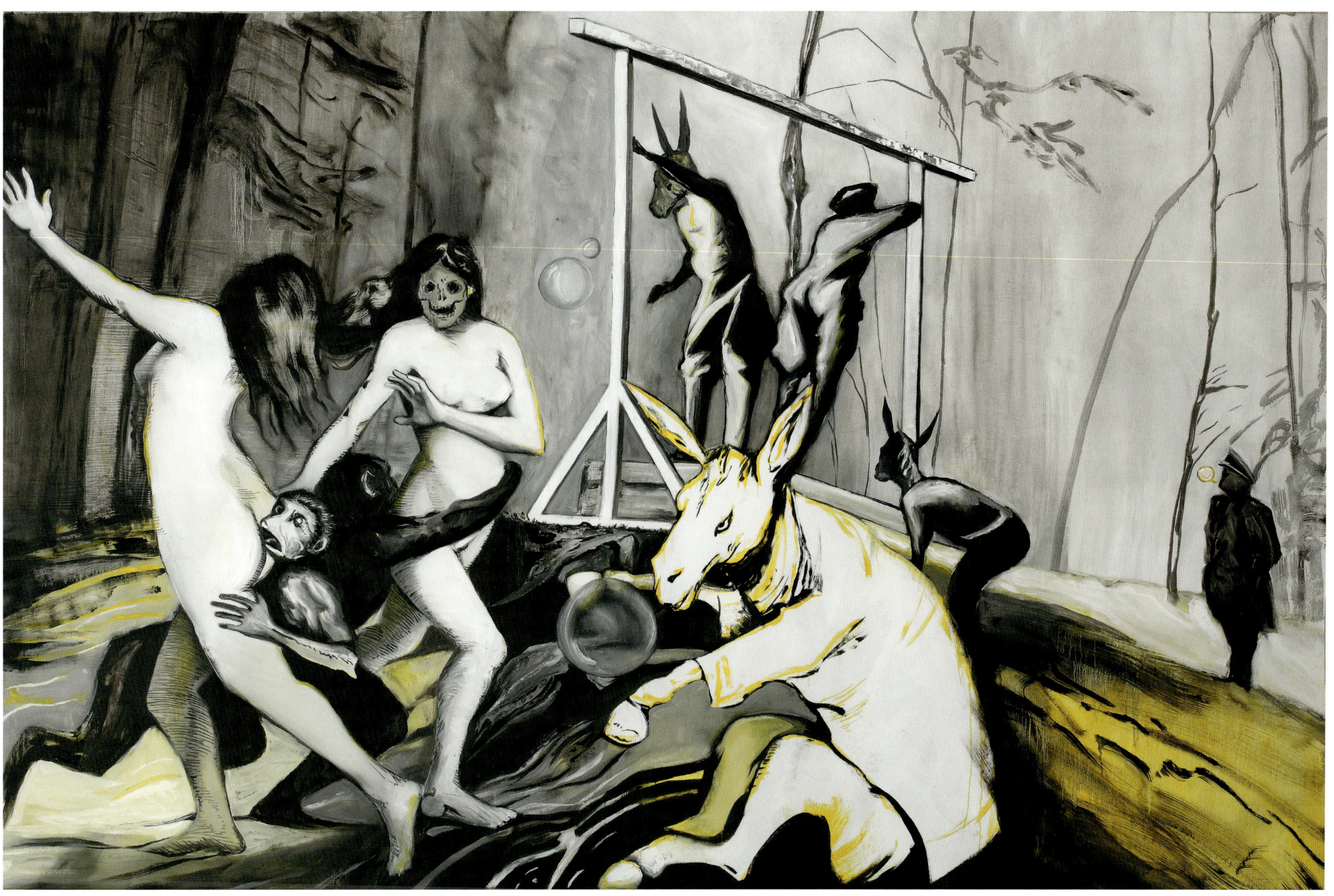

o.T., 65 × 50 cm, Öl auf Papier, 2012

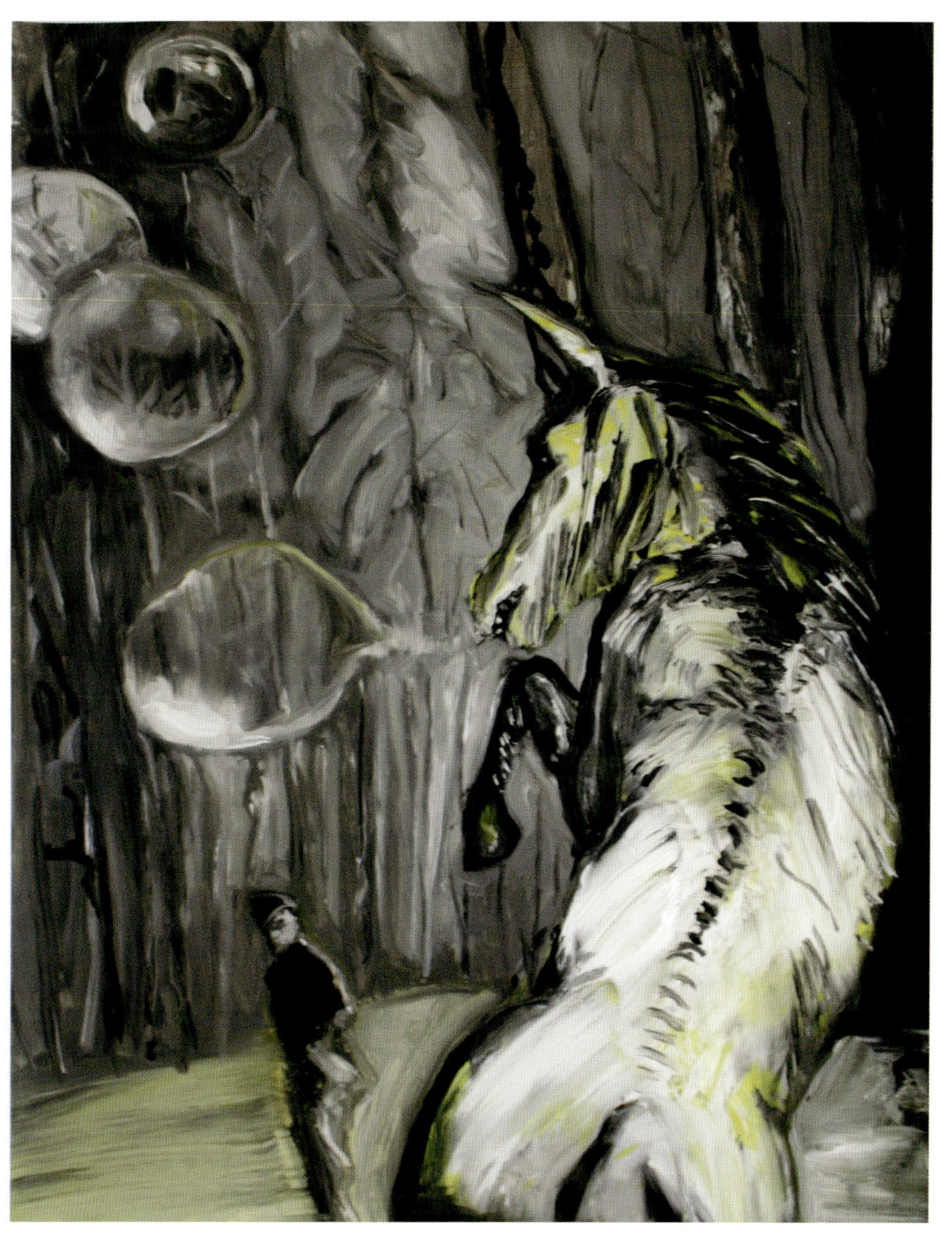

IM BESTIARIUM UNSERER TÄGLICHEN EINBILDUNGEN...

Mark Gisbourne

Begeben wir uns nun vom Zoo der Wirklichkeit in den Zoo der Mythologie, in dem nicht Löwen sondern Sphinxen, Greife und Zentauren hausen. Dessen Arten dürften die des ersteren an Zahl weit übertreffen, sind doch Ungeheuer nichts anderes als eine Kombination der Teile realer Wesen mit schier unbegrenzten Möglichkeiten der Permutation (Jorge Luis Borges, Das Buch der imaginären Wesen, *Vorwort 1957).*[1]

Wenn die Worte von Borges den Zustand einer imaginären Welt beschreiben, um wie vieles mehr reflektieren sie dann die Psyche unseres gegenwärtigen kulturellen Bewusstseins? Der Mensch ist umgeben vom Folkloristischen und Phantastischen, seien es die freizügig ersponnenen Phantasien der Harry Potter-Filme, die Science-Fiction-Vorstellungen von Star Wars und Star Trek oder gar die verzerrten, gewalttätigen Kreaturen, die in den letzten 30 Jahren im Genre der Horrorfilme und Videospiele üblich geworden sind. Es ist klar ersichtlich, dass ein schier unendliches Arsenal populärer phantastischer oder imaginärer Kreaturen zu einem integrierten Bestandteil unseres kulturellen Alltagslebens geworden ist. Die Verschmelzung und Aneignung von deren menschlichen und tierischen Teilen – auch wenn sie nicht immer die Subtilität der phantasievollen Erkenntnis des großen südamerikanischen Meisters erreichen – sind allgemein anerkannt als eine zeitgenössische Auffassung der kreativen und ineinander fließenden Verwendung des imaginierten „Teilobjekts". Diesen psychologischen Vorstellungen wurde zugeschrieben, viele der Vorbedingungen für eine neue und zeitgenössische, post-narrative, malerische Praxis zu bilden.[2] In diesem Zusammenhang ist Jacques Lacans *objet petit a* (Objekt klein a) in der modernen Psychoanalyse und Psychologie als kausales Prinzip des unerreichbaren Objektes des Begehrens im *autre* bzw. im „Anderen" ein allgemein anerkanntes Konzept.[3] Und während Lacan die Phantasie für eine imaginierte Projektion hielt, die in der Trennung und Entfremdung wurzelt, welche durch das *objet petit a* herbeigeführt werden, bleibt diese doch eher auf der Seite der Realität als auf der des Traumes und bildet konsequenterweise die Grundlage für die Einbildungskraft eines kreativen Malers. Die Phantasien des Malers existieren und funktionieren daher am eigentlichen Nexus des dreifachen Realitätskerns des Psychologen (über das Imaginäre, Symbolische und Reale). Im Ergebnis spielen die kreative Phantasie und das

1 The 1957 preface of *El libro de los seres imaginarios*, is translated and published as the *The Book of Imaginary Beings*, London and New York, 1969 (and subsequent editions)

2 For example forms of non-linear narrative storytelling and historical appropriation have become central to contemporary arts, see Mieke Bal, *Quoting Caravaggio: Contemporary Art, Preposterous History*, Chicago and London, University of Chicago Press, 1999.

3 "...its is always a question of the *objet á*, or rather a question of reducing it – which may, at a certain level, strike you as being rather mythical – to an *a* with which – this is true in the last resort – it is the painter as creator who sets up the dialogue." Jacques Lacan 'On the Gaze (What is a Picture), *The Four Fundamental Principles of Psycho-analysis*, London, (1979) 1994, pp. 105–122 (p. 112)

4   Herbert Marcuse, 'Beyond the Reality Principle' *Eros and Civilisation*, London 1969, pp.119–131 (p.124)

5   Friedrich Wilhelm Nietzsche, 'Tokens of Higher and Lower Culture', *Human All Too Human: A Book of Free Spirits,* Eng., trans, R..J.Hollingdale, Cambridge, Cambridge University Press, 1986. "aph.274. A segment of our self as artistic object. – It is a sign of superior culture consciously to retain certain phases of development which lesser men live through almost without thinking and then wipe them from the tablet of their soul, and to draft a faithful picture of it: for this is the higher species of the art of painting which only a few understand." p.129

6   Johan Huizinga, 'Play and Contest as Civilising Functions', *Homo Ludens: a study of the play element in culture*, Boston, The Beacon Press, 1950 (pp.46–75) p.46 (and subsequent editions) This text (first published in 1938) has played a crucial role in the foundation and subsequent formation of 'play theory'. For a contemporary evaluation, see Brian Sutton-Smith, *The ambiguity of play*, Cambridge, Mass., Harvard University Press, 2001; also see the republished and updated version of the sociologist and philosopher (homme de lettres) Roger Caillois, *Man, Play and Games* (1961), Champaign, University of Illinois Press, 2001.

7   Debra Hassig, *Medieval Bestiaries: Text, Image, Ideology*, Cambridge and London, Cambridge University Press, 1995, also Erica Fudge, *Perceiving Animals: Human and Beasts in Early Modern English Culture*, Champaign, University of Illinois Press, 2002.

8   Maria Tatar, *The Annotated Brothers Grimm*, London and New York, W.W Norton & Co., 2004.

Imaginäre eine fundamentale Rolle für eine ausgeprägte Vorstellung von seelischer Gesundheit und kreativer Entwicklung. „…Der Wahrheitswert der Phantasie bezieht sich nicht nur auf die Vergangenheit, sondern ebenso auf die Zukunft: die Formen der Freiheit und des Glücks, die sie aufruft, erheben den Anspruch, historische *Wirklichkeit* zu werden. Die kritische Funktion der Phantasie liegt in ihrer Weigerung, die vom Realitätsprinzip verhängten Beschränkungen des Glücks und der Freiheit als endgültig hinzunehmen, in ihrer Weigerung, zu vergessen, was *sein könnte.*"[4] Die Bilder von Emmanuel Bornstein entstehen und generieren ihre Bedeutung in diesem Kontext von Phantasie und kreativer Metamorphose. Doch darüber hinaus erweitert der Künstler das Konzept in persönlich projizierte expressive Narrative und Deutungen, die auf Motive von Überschreitung und deren Vorkommen schließen lassen.

Verweise auf historische Ereignisse und ikonographische Quellen verschmelzen in den Bildern von Bornstein auf kreative Weise mit Einbildungen und Zukunftsvisionen. In seiner aktuellen Bilderserie, die unter dem Titel *Waldbowling* präsentiert wird, liegt der expressive Fokus auf zusammengesetzten Motiven, die von Überschreitung und Spiel handeln. Auf die weit verzweigten Aspekte des Spielerischen wird in den Bildern in einem doppelten Sinn Bezug genommen, der über die Tier-Mensch-Gestalten hinausgeht, die sich in einer vermeintlichen Waldlandschaft dem Bowlingspiel hingeben. Sondern auch im Sinne eines (möglicherweise unbeabsichtigten) abgeleiteten Wortspiels: die ursprünglich aus Holz gefertigten Kegel wurden bekanntermaßen auch als Hölzer bezeichnet. Die Bilderserie weist daher einen etwas parodistischen Sinn für Humor auf, der in den älteren Schwarz-Weiß-Bildern von Bornstein aus den Jahren 2010/11, bei denen – beeinflusst von Schauerliteratur und goyaesken Quellen – Gewalt und Überschreitung stärker im Mittelpunkt standen, weniger deutlich zu Tage tritt (Abb.1). Die Erwähnung des Spiels bzw. des Spielens als Thema in der Malerei ist jedoch von zentraler Bedeutung, da die Vorstellung des im Atelier spielenden Künstler-Malers ein zentraler Tropus der malerischen Praxis ist. Die Untersuchung des Spiels und dessen enger Verknüpfung mit der Kindheit, der menschlichen Sozialisierung und der Kreativität sind seit langer Zeit ein gut beobachtetes und erforschtes Phänomen, vor allem bei Nietzsche, der diesem die Essenz der künstlerischen Natur des Malers zuschreibt.[5]

Dem Spiel wurde daher in der modernen Gesellschaft die Rolle einer kulturellen und zivilisierenden Kraft zuerkannt, die zentral für das Verständnis der historischen und psychologischen Theorien der menschlichen Entwicklung ist, „ …in dem Sinn, dass etwas, das ursprünglich Spiel war, zu etwas wurde, das kein Spiel mehr war, und fortan Kultur genannt werden konnte."[6] Stoffliche Referenzen bilden den beabsichtigten, Bild- und Wortspiele einschließenden Humor von Bornsteins *Waldbowling*: Bowlingbahnen bestehen zumeist aus laminiertem Holz, ebenso wie einst die Kegel, die ursprünglich aus geklebtem Ahornholz gefertigt und auf der Drehbank in die vertraute Form gebracht wurden. Über die in den Wortspielen enthaltenen, einfachen stofflichen Verweise auf das Thema hinaus verfolgt der Künstler jedoch eine ernsthaftere Absicht. In den drei Bildern mit den Titeln *Waldbowling I, II, III* (2012) (S.14–17) bilden die Bowlingbahnen entweder unmittelbar oder sinngemäß Eisenbahngleise, die sich im Dickicht des dahinter liegenden Gehölzes/Waldes verlieren. In *Waldbowling II* wird der Bezug auf die Eisenbahngleise sichtbar gemacht: ein Keil aus Menschen befindet sich auf den Gleisen, eine menschliche Gestalt mit einem Eselskopf ist im Begriff, eine Bowlingkugel zu werfen und die Menschen wie Kegel umzustoßen – das historische, volkstümliche Kegelspiel (mit neun Kegeln) gilt als wahrscheinlicher Ursprung des Bowlings, auch wenn dies umstritten ist. Die halb menschlichen, halb tierischen Wesen mit Köpfen von Pferden/Eseln bzw. Hunden/Wölfen haben implizit eine allegorische Funktion analog zu der des Bestiariums.[7] Sowohl als Anspielungen auf die in Bilderbüchern für Kinder abgebildeten Gestalten, als auch in ihren aggressiven Posen als Bowlingspieler rufen sie eine emotional ungeklärte Empfindung expressiver Ambivalenz hervor. In der Tat verkörpern die drei Bilder in dieser Serie die paradoxe Natur von Überschreitung und Spiel, Vorstellungen, die allgemein im Kontext von kindlichem oder erwachsenem Spiel und Gewalt miteinander verflochten sind. Dies wird im vertrauten Gebrauch von Begriffen wie „Kriegsschau-platz" und „Kriegsspiel" deutlich. Die Waldlandschaften im Hintergrund der Bilder der *Waldbowling*-Serie beweisen ein ausgeprägtes Gespür für die deutsche volkstümliche Tradition und gleichermaßen für die Rolle, die von häufig in Sagen und Märchen vorkommenden Mensch-Tier-Wesen verkörpert wird.[8] Gleichermaßen weisen sie auf die komplexen symbolischen Einflüsse von Märchen auf die Kindheit und die moderne Psychologie hin und

decken diese auf.[9] Die eigentliche kompositorische
Struktur der Bilderserie verweist auch auf kunstgeschicht-
liche Referenzen und auf konzeptionelle Aspekte der
rhetorischen Überzeugung. So zeichnen sich zum Beispiel
die Waldlandschaften im Hintergrund von *Waldbowling I,
II* und *III* (2012) (S.14–17) durch ein komplexes Spiel ver-
mischter Perspektiven aus, das der einfachen rezessiven
oder monokularen Perspektive der Bowlingbahnen wider-
spricht. Dies könnte als versteckter Hinweis auf Ucellos
berühmte Perspektivenkomposition der Bäume in
„Die Jagd im Wald" (ca.1470) angesehen werden und
Bornstein würde dies gegebenenfalls sicher nicht
verneinen, ist der Künstler doch in der Geschichte der
Malerei verwurzelt und mit dieser vertraut, stellt vielfache
Bezüge zu den Werken der Meister vergangener Tage
her und schöpft aus diesen.[10] Aber anders als bei der
unzweideutigen Konstruktion der geometrischen
Perspektive in Paolo Ucellos Gemälde hat Bornstein
bewusst die Verwendung einer rhetorischen Perspektive
gewählt, wobei rhetorisch im Fall der Perspektive
bedeutet, dass sie den Betrachter von ihrer zurück-
tretenden Präsenz überzeugt, jedoch jegliche geo-
metrische oder modulare Bestimmtheit der An-wendung
verneint. Dies hat als weiterer Effekt die Schaffung eines
anders gearteten, abstrusen theatralischen Raumes zur
Folge, der den Betrachter absichtsvoll (und) emotional
destabilisiert und in den Bildern ein Element der
Spannung öffnet. Die größere unterbewusste Deutung
der Thematik von Bornstein – auf die im weiteren Kontext
dieser Ausstellung noch eingegangen werden soll
– scheint sehr persönlich für den Künstler und bestimmte
unmittelbare Aspekte seiner Familiengeschichte.
Die kreativen Bilder der klassischen Fabel (zum Beispiel
Ovid und Apuleius) sowie mittelalterlicher Bestiarien als
Orte der allegorischen Schilderung von Überschreitung
haben eine lange und wohl bekannte Geschichte. Wenn
man jedoch ermittelt, welcher Aspekt der Allegorie
des Bestiariums auf die von Bornstein gemalten Tiere
und Menschen mit Tierköpfen zutrifft, werden deren
eigentliche Analogien deutlich. In der mittelalterlichen
Allegorie wurde zwischen dem buchstäblichen, dem
typologischen, dem moralischen und dem anagogischen
Sinn unterschieden, wobei bei ersterem eine assoziierte
symbolische Folgerung unmittelbar beabsichtigt war,
beim typologischen aus vergangenen Ereignissen Schlüsse
gezogen wurden, die auf irgendeine Weise mit der
Gegenwart verknüpft waren, beim moralischen das
Dargestellte ein unmittelbares Gefühl oder eine zeit-

gemäße Bedeutung implizierte und sich der anago-
gische Sinn prophetisch auf die Zukunft bezog.
Letzterer spielt in Bornsteins Bildern gewiss keine Rolle,
der buchstäbliche und der typologische Sinn sind
jedoch für den Künstler durchaus relevant. Gleichermaßen behielt die Tradition des Bestiariums archaische
und antike klassische Quellen bei und erweiterte (oder
veränderte) diese. In den vorliegenden Bildern von
Bornstein finden sich Werke ohne Titel, die verschiedene
Formen der allegorischen Entwicklung eröffnen.[11] Zum
Beispiel ist auf dem rechten Flügel eines Triptychons
ohne Titel eine menschliche Gestalt mit dem Kopf eines
(Schäfer-)Hundes in Tarnhosen und blauem T-Shirt zu
sehen (S.23). Die Gestalt setzt zum Wurf mit einer an
einen Globus erinnernden Bowlingkugel in Richtung der
mittleren Tafel und schließlich des linken Flügels an, auf
der die Kegel im Vordergrund des Bildraums in Richtung
des Betrachters im Wortsinn wild durcheinander fallen.
Die mittlere Tafel umfasst einen gewölbten, abgrund-
artigen Raum, der sich auf dem linken Flügel fortsetzt.
Im Hintergrund der Haupttafel oben links erscheint
jedoch zusammengedrängt hinter einem Baum eine
große Gruppe geisterhafter Gestalten, während gleichzeitig drei Soldaten der nationalsozialistischen
Wehrmacht wie isolierte, introspektive Bewacher in der
Kurve einer Straße stehen, die sich vom rechten Flügel
in die mittlere Tafel des Bildes fortsetzt. Die grünschwarze
Intensität des dahinterliegenden Waldes schafft eine
abgeflachte, kaum zu durchdringende Bildfläche. Hinter
der Gestalt mit dem Hundekopf auf dem rechten Flügel
ist eine weitere Gestalt mit Esels- oder Pferdekopf
zu sehen, welche einfach die Wurfpose imitiert. Daraus
wird deutlich, dass die Komposition des Werkes
– obwohl es unmöglich ist, aus dieser einen Bezug oder
ein unmittelbares narratives Ereignis abzuleiten – mit
den Begriffen des Strukturalismus die Form eines frag-
mentierten, bildhaften Narrativs anregt, in dem Bezüge
zum Spiel, zur Gewalt und zu einer düsteren Ahnung
der möglichen Überschreitung, die folgen könnte,
hergestellt werden. Der Strukturalismus definiert sich
in Begriffen der bedingten wechselseitigen Beziehungen
innerhalb eines dominanten strukturellen Systems
von kulturellen Äußerungen.[12] Aber auch wenn man
unter Allegorie ein Hilfsmittel versteht, mittels dessen
Charaktere oder Ereignisse Ideen und Konzepte sym-
bolisieren bzw. repräsentieren, verweigert der Künstler
dem Betrachter die Bequemlichkeit eines impliziten
Zugangs. Das Element der Bedrohung und des schwarzen

9 Bruno Bettelheim, *The Uses of
Enchantment: The Meaning and
Importance of Fairy Tales*, New York:,
and London, Knopf, 1976.

10 Christopher Lloyd and Sallyann
Kleibel, *Paolo Uccello's 'Hunt in the
Forest'*, Ashmolean Museum, Oxford,
1981; recently updated by Catherine
Whistler, *Paolo Uccello's 'Hunt in the
Forest'*, Ashmolean Museum, Oxford,
2010. Also, Jacques Darriulat, *Une
Chasse et perspective*, Paris, 1998.

11 Rudolf Wittkower, *Allegory and the
Migration of Symbols: The Collected
Essays of Rudolf Wittkower*, London,
Thames & Hudson, 1987.

12 Gilles Deleuze, „How Do We
Recognise Structuralism?" *Desert
Islands and Other Texts 1953–1974*.
Michael Taormina (ed.), Eng. trans.,
David Lapoujade, Los Angeles and New
York: Semiotext(e), 2004, pp.170–192

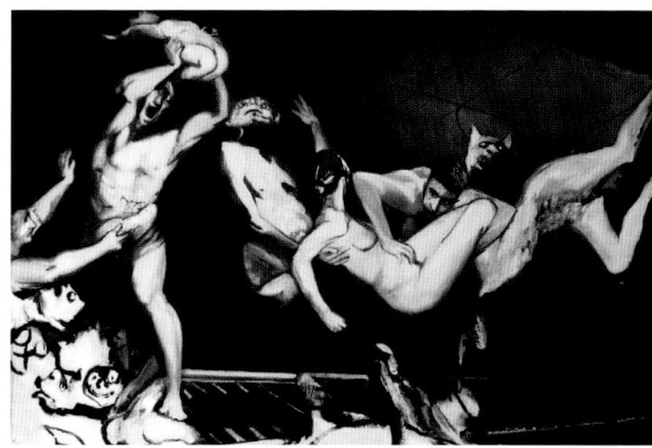

1
o.T., 200 × 282 cm, Öl auf Leinwand, 2012
Sammlung Le Maignan, Paris

13 Francesco Colonna, *Hypnerotomachia Poliphili, (The Strife of Love in a Dream)*, Eng. Trans., Jocelyn Godwin (the entire text), London, Thames and Hudson 1999 Published on the 500th anniversary of its original publication in Venice.

14 William Shakespeare, *The Oxford Shakespeare: A Midsummer Night's Dream*, Peter Holland (ed.), Oxford, Oxford University Press, 2008.

15 For example human facial expressions and character assessments were commonly associated with particular animals and birds, and artists and art theorists created pattern books to show specific facial and bodily expressions associated with emotional states of mind and general character. The most famous is, perhaps, Charles Le Brun (1619–90), the court painter of Louis XIV 'LeRoi Soleil' who claimed he was the 'greatest French painter of all time', and whose system of facial expressions drew heavily upon the animal physiognomy of asses, cows, pigs, dogs and an a enormous array of other animals, see *Charles Le Brun, L'Expression des Passions: autres conferences, correspondence*, Paris Edition Dédale Maisoneuve et Larose, 1994.

16 Francisco Jose De Goya, *Los Caprichos*, London, Dover Books, 1970 (and subsequent editions)

Humors wird durch die kontinuierliche Verwendung von Farbpassagen in dominanten schwarzen, grünen und gelblich-herben Tönen, die sich durch die gesamte Bildergruppe fortsetzen, weiter verstärkt. Andere Farben, so sie verwendet werden, kommen nur wahllos bei unbelebten Objekten wie Bowlingkugeln und Kegeln zum Einsatz. Die ursprüngliche Wahrnehmung der Dunkelheit und Überschreitung wird durch die umfassende Farbgebung der Bilder ausgelöst. Die Verwendung von Gestalten mit Köpfen von Tieren wie Hund, Wolf und / oder Esel hat eine lange ikonographische Geschichte und birgt zahlreiche Assoziationen. Der berühmteste Esel-Mensch ist Lucius, der sich in Apuleius' Buch „Der goldene Esel" (auch unter dem Titel „Metamorphosen" bekannt) versehentlich in einen Esel, also eine Gestalt, die normalerweise als störrisch, priapisch oder zu Selbsttäuschungen neigend gilt, verwandelt. Er findet sich in zahlreichen kreativen Szenerien wieder, wie zum Beispiel in den berühmten Holzschnitten der Aldinen von Francesco Colonnas „Hypnerotomachia Poliphili" (1499).[13] Den meisten Menschen ist er jedoch in der Gestalt des Niklaus Zettel in William Shakespeares „Sommernachtstraum" vertraut, der auf ähnliche Weise von Oberon, dem König der Elfen, in eine Gestalt mit Eselskopf verwandelt wird, in den sich die verzauberte Elfenkönigin Titania verliebt. Die Hauptthemen des Stückes (1590–1596), dessen Handlung in einem Wald angelegt ist, sind der Traum, das Imaginäre, die absurde Selbsttäuschung. Bedeutend ist vor allem die narrative Struktur, nämlich die Einbettung einer bruchstückhaften Geschichte in eine andere Geschichte.[14] Die Verwendung von Tieren als zugeordnete anthropozentrische Metaphern ist weit verbreitet, wurde jedoch tatsächlich durch die historische physiognomische Literatur fundiert, die gleichzeitig interpretiert und neu konzipiert wurde. Das Studium der Physiognomie ist eine klassische Disziplin und ihre Erkenntnisse wurden seit Jahrhunderten, bereits lange vor Shakespeare, von zahlreichen Schriftstellern und Künstlern angewendet und eingesetzt.[15]

Vorstellungen vom Theater, ganz gleich ob sie der Romantik, dem Barock oder verschiedenen Aspekten der Schauerliteratur (engl. Gothic Fiction) entnommen sind, faszinieren Emmanuel Bornstein. Ein weiteres Beispiel ist ein Bild, auf dem sich eine Gruppe von Tieren und Menschen am Rand eines nächtlichen Waldes befindet (S. 27). In Anbetracht einer grotesken

Gestalt in deutscher Armeeuniform, die mit einer barbusigen, in einen Umhang gehüllten Gevatterin Tod tanzt, entsteht der Eindruck einer imaginären „Danse Macabre". Ein Esel und eine wolfsartige, maskierte Menschengestalt in Uniform betrachten die Szene und die bereits bekannten drei Wehrmachtssoldaten erscheinen auf der rechten Seite, zu ihrer Linken eine gespenstische Anordnung unbestimmbarer geisterhafter Wesen. Es besteht kaum ein Zweifel daran, dass es sich dabei um die fragenden Geister der deutschen Geschichte handelt, wie ein Bild mit einer direkten Anspielung auf die Wachtürme eines Konzentrationslagers verdeutlicht, auf dem vier Esel den Platz der vier Frauen einnehmen, die auf Goyas berühmtem Werk „El Pelele" die Strohpuppe in die Luft empor werfen (S. 34). Das Motiv stammt aus dem berühmten Tapisseriekarton, den Goya für das Schlafzimmer des kindlichen Infanten von Spanien gemalt hat. Erneut sieht man die Idee eines doppelbödigen Kinderspiels, das in einen Kommentar zu Überschreitung und Gewalt übertragen wird. Die traurige, gedemütigte Puppe weist alle Anzeichen eines maskierten und verkleideten Menschen auf und enthält eine beabsichtigte allegorische Bedeutung. In der Tat taucht Goya in vielen Werken dieser Bildergruppe auf und ist ein fortwährender Einfluss, den Bornstein unumwunden zugibt. Auch die Esel sind auf Goya zurückzuführen, der auf seiner berühmten Aquatinta-Radierung „Bis zu seinem Urahn" (1797–98) einen sitzenden Esel in menschlicher Kleidung darstellt, welcher in einem Buch einen genealogischen Stammbaum von Eseln studiert. In der gleichen Serie von Aquatlnta-Radierungen, die unter dem Titel „Los Caprichos" bekannt wurde, erscheint der Esel auf einer Grafik mit dem Titel „An welcher Krankheit wird er sterben" als Arzt, der einem sterbenden Patienten den Puls fühlt. Auch auf anderen Radierungen dieser Serie ist der Esel zu sehen und auf fast alle dieser Radierungen wird in den vorliegenden Bildern von Bornstein Bezug genommen.[16] Die berühmteste Zeichnung dieser Aquatinta-Serie von Goya, die bekanntermaßen unmittelbar nach ihrer Veröffentlichung aufgrund der unmittelbaren Bedrohung durch die Inquisition vom Künstler zurückgezogen wurde, war „Der Schlaf der Vernunft erzeugt Ungeheuer" (1797–98). Es sollte jedoch auch nicht vergessen werden, dass Goya Zeitgenosse von Johann Kaspar Lavater (1741–1801) und Henry Fuseli (1741–1825) war, also in einer Zeit lebte, in der Studien der Physiognomie und deren

ausgedehnte Obsessionen ihren intellektuellen Zenit erreichten und zahlreiche fadenscheinige, pseudo-wissenschaftliche Systeme wie die Phrenologie – die aus der Form des Schädels Rückschlüsse auf Charakter und Geist zog und häufig deterministische Analogien zwischen Menschen und Tieren herstellte – ihre Blüte-zeit hatten.[17] In einer weiteren von Bornstein gemalten Waldszene (S. 35) sind menschliche Esel zu sehen, einer im Anzug, einer in einem altmodischen Badeanzug, ein weiterer im Hintergrund posierend sowie ein buchstäblich ausschlagender Esel, der den Blick des Betrachters auf die kreisförmige Blase oben auf dem Bild lenkt (die bemerkenswerter Weise an eine Bowlingkugel erinnert). Dies verweist auf die berühmte stürzende Figur aus „Verwüstungen des Krieges", der 30. Abbildung aus Goyas schockierender Serie von Radierungen, die unter dem Titel „Schrecken des Krieges" bekannt wurde (geschaffen zwischen 1810 und 1820 vor dem Hinter-grund der napoleonischen Invasion und der Kriege auf der iberischen Halbinsel von 1808 bis 1814).[18] Das Thema des Krieges ist auch in einem weiteren Triptychon von Bornstein nicht zu übersehen, bei dem auf dem linken Flügel Nazisoldaten mit Eselsköpfen zu sehen sind, die einen in Lumpen gehüllten Menschen (gewollt anonym und ohne Identität) misshandeln, der offenbar auf einen Todeszug in ein Konzentrationslager verladen wird (S. 42–45). Die mittlere Tafel zeigt ein Skelett, das auf einem bleichen Pferd über eine unklare, amorphe Masse namenloser Toter reitet. Auf der komplexeren rechten Tafel ist die gleiche von Goya entlehnte, sitzende Gestalt mit Eselskopf zu sehen, zusammen mit weiteren eselsköpfigen Gestalten, die im Hintergrund einen primitiven Galgen errichten, während ein Nazi-offizier die Szene von der rechten Seite aus betrachtet. Auch hier bildet ein Wald oder Gehölz die Szenerie. Im Vordergrund werden zwei fliehende Nackte, die an Munch erinnern und von denen eine auf dem Gesicht eine Maske mit einem Totenschädel trägt, von Affen überwältigt. In der Ikonographie werden Affen mit Laszivität und Unheil verbunden. Der düstere Esel ist sitzend abgebildet und konzentriert sich auf eine Blase, die zwischen seinen als Händen dienenden Hufen schwebt. Alle Bilder des Triptychons sind absichtsvoll in giftig-gelben und schwarzen Farbtönen gemalt.
Auf einem weiteren Bild sind Gestalten mit Esels- und Fuchsköpfen ebenso wie der Tod zu sehen, der auf einer weißen, pferdeähnlichen Erscheinung sitzend ebenfalls im Begriff scheint, eine nackte Frau zu über-

wältigen, deren Knie er mit seiner knochigen Hand auseinanderpresst. Dies legt den Schluss nahe, dass es sich um eine Anspielung auf den Tod handelt, der Europa vergewaltigt. Dabei wird das aus Klassik und Renaissance bekannte Motiv in eine gänzlich andere Form determinierten Ausdrucks übertragen. Es bestehen kaum Zweifel, dass diese Bilder sich direkt auf den Krieg und insbesondere den zweiten Weltkrieg beziehen, in dessen Vordergrund die Erfahrung des Holocaust steht. Der Umstand, dass der Künstler sich dafür entschieden hat, diese Ereignisse mittels Verweisen auf historische Fabeln und / oder Bestiarien wiederzu-geben, bringt ein bestimmtes Denken und eine progressive Vorstellung zum Ausdruck. Obwohl der Künstler seine Biografie und seine Familiengeschichte nicht erwähnt, gleichzeitig jedoch bekannt ist, dass er in Frankreich geboren wurde, ist Bornstein (wie sein Name verrät) deutsch-polnisch-jüdischer Abstammung, was auf eine komplexe Geschichte der kulturellen Assimilation und Verdrängung hindeutet. Die Bilder könnten so den emotional-kreativen Nexus des Künstlers bilden und dessen Leben gleichzeitig um einen kathartischen Aspekt bereichern.

Motive der Überschreitung und historische Themen durchdringen sämtliche Bilder von Emmanuel Bornstein, er bekennt sich zur unmittelbaren Beschäftigung mit der deutschen Geschichte, mit Gewalt und Traum, mit den Übergängen zwischen Schlaf- und Wachzuständen sowie mit anderen peripheren Bewusstseinszuständen, von denen für ihn ebenfalls eine Faszination ausgeht. Die Ateliererfahrung des in den Tag Träumens und weit-schweifende Spaziergänge bilden daher, wie von ihm bereits bekundet, ein zentrales Element seines kreativen Alltags.[19] In diesem Kontext entwickeln sich seine Einblicke in das Phantastische, kommen die imaginären Wesen von Borges ins Spiel, gerät das Lacansche projizierte Imaginäre (abgetrennt und entfremdet, wie durch den Psychologen behauptet) in den Blickpunkt, und all dies manifestiert sich so in einer neu gemalten Realität. Es muss klar gesagt werden, dass Bornstein keine „Traumbilder" erzeugt, bei weitem nicht, er wandelt diese jedoch bewusst in seine selbst vorgestellten Desiderata, also in „gewünschte Dinge" um. Daher entsteht seine enge, persönliche Beziehung zur triebhaften Ökonomie des Wünschens und sein Werk zeichnet sich seit jeher durch das Bewusstsein des Künstlers für die tägliche Isolation und die notwendige

17   Johann Kaspar Lavater's multi-volume publication. *Physiognomische Fragmente zur Beförderung der Menschenkenntnis und Menschenliebe* (1775–1778), was received enthusiatically across Europe, and particulary in France, Germany and Britain. See, Christoph Siegrist (ed.) Johann Caspar Lavater, *Physiognomische Fragmente zur Beförderung der Menschenkenntnis und Menschenliebe.: Eine Auswahl*, Stuttgart Reclam Philipp Jun. Verlag, 1984. Henry Fuseli was a writer and painter who exemplified early Gothic literary and theatre scene painting, and was an important proponent of Romantic themes of dreams and nightmare, see Martin Myrone, *Henry Fuseli*, Princeton, Princeton University Press, 2001, and Martin Myrone, *Gothic Nightmares: Fuseli, Blake and the Romantic Imagination*. London, Tate Publishing, 2006

18   The Prints remained unpublished at the time of Goya's death in 1828, and only finally published in Madrid, by the Royal Academy of San Fernando in 1863, see Philip Hofer (intro.), *Francisco Jose De Goya, The Disasters of War*, London, Dover Books, 1968 (and subsequent editions).

19 See, link http://www.youtube.com/watch?v=WcZqmeno1ao

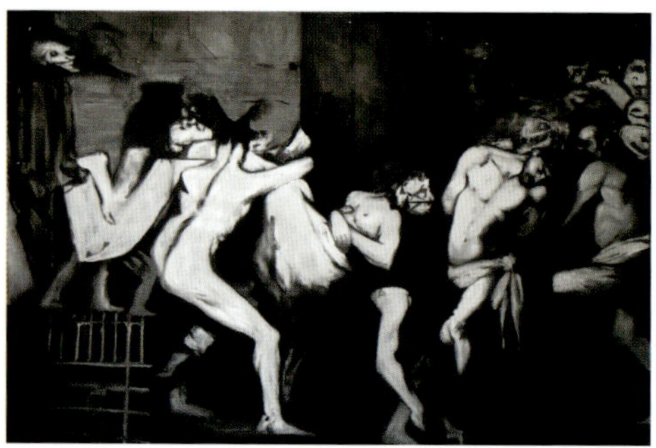

2
o.T., 200 × 282 cm, Öl auf Leinwand, 2012
Sammlung Schivazappa, Parma

20 Joseph Canning, Hartmut Lehmann, and Jay Winter, *Power, Violence and Mass Death in Pre-Modern Times*, Farnham and London, Ashgate Publishing 2004. This publication initiates a comparative analysis and deals with the 14th, 17th and 20th centuries seen as centuries of mass violence.

21 Paul de Man, *Allegories of Reading: Figural Language in Rousseau, Nietzsche, Rilke, and Proust*. New Haven and London, Yale University Press, 1979.

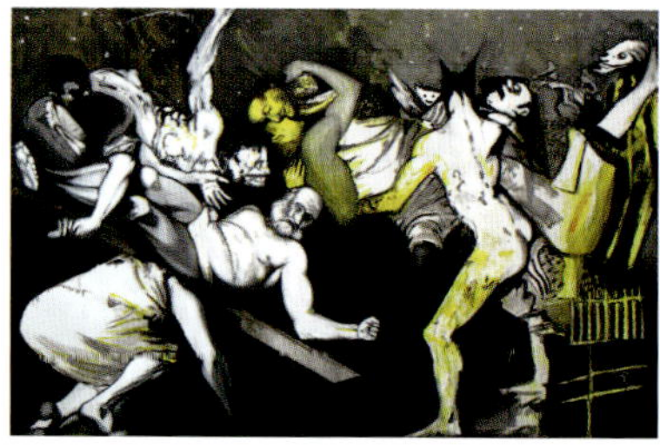

3
o.T., 200 × 300 cm, Öl auf Leinwand, 2012
Sammlung Galerie Krief, Paris

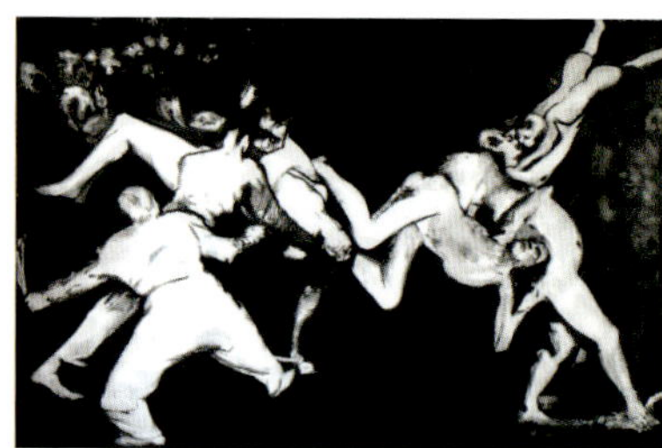

4
o.T., 200 × 300 cm, Öl auf Leinwand, 2012
Sammlung Paul Conquet, Paris

Psychopathologie des Ateliers aus. Auf der Basis dieses Zustands zurückhaltender Träumerei entstehen innerhalb dessen, was vertrauter Maßen als Erotik des Malens bezeichnet wird, ausnahmslos starke, aussagekräftige Gefühle. Dieser sinnliche Ansatz war auch in den unbetitelten Schwarz-Weiß-Bildern von 2010–11 (Abb. 2–4) offenbar, obwohl gesagt werden muss, dass diese sehr viel direkter mit Themen wie Alpträumen, fieberhafter Gewalt und deren Übertragungsmöglichkeiten in den Wachzustand umgingen – der Vorstellung des 19. Jahrhunderts, dass Wahnsinn ein Wachtraum sei. Allen diesen Bildern ist gemein, dass sie sich auf große Werke alter Meister wie Caravaggios „Geißelung Christi" (ca. 1607) und „Kreuzigung des heiligen Petrus" (1600), Rubens' „Raub der Töchter des Leukippos" (1617–18) sowie weniger explizit auf Rembrandt und Velasquez und Fuselis *vivre un cauchemar* beziehen und Motive aus diesen entlehnen. Gleichzeitig wird der bei Bornstein allgegenwärtige und nicht enden wollende Einfluss von Goya sichtbar. Die zahlreichen Verweise auf den Barock in den Schwarzweißbildern von 2010/11 werden sofort offensichtlich, war doch das 17. Jahrhundert von dauernden Kriegen und Gewalt geprägt, die von den Malern der damaligen Zeit üblicherweise in Allegorien dargestellt wurden.[20] In Bezug auf die Bilder von Bornstein in einem herkömmlichen Sinn vom Literarischen zu sprechen ist äußerst riskant, besser wäre die Feststellung, dass seine Werke sich mit Formen der nicht-linearen bzw. bruchstückhaften Erzählung befassen. Sie repräsentieren unspezifische Ereignisse, funktionieren jedoch über den strukturalistischen Gebrauch allegorischer Folgerungen, ein beabsichtigtes Paradox angesichts der Tatsache, dass die strukturalistischen und poststrukturalistischen Paradigmen behaupteten, die Bedeutung der Allegorie dekonstruiert und aufgehoben zu haben.[21] Intertextuelle Anspielungen und Folgerungen sind jedoch entscheidend für das Verständnis der Bilder von Bornstein, was bedeutet, dass das dem Betrachter Präsentierte als eine persönliche Reaktion auf diese Bilder zu montieren und zu interpretieren ist. Auch wenn Allegorien in der Vergangenheit oftmals als didaktische Form für die moralische Unterweisung verwendet wurden (zur Verstärkung bestehender autoritärer oder institutioneller Ansichten), war dies jedoch zu keiner Zeit implizit für deren Gebrauch, denn die symbolische Bedeutung ist seit jeher mächtig und aussagekräftig. Bornsteins Bilder öffnen die expressive symbolische Ordnung für neue Formen einer freien Deutung. Zu Beginn des Textes wurde Borges' berühmtes „Buch der imaginären Wesen" erwähnt, in dem dieser Einträge zu zahlreichen phantastischen wilden Tieren sammelt, die von Menschen über einen langen Zeitraum erdacht wurden. Das Zeitalter der freizügigen Einbildungen darf nicht enden, denn der kreative Widerstand gegen die Vorherbestimmungen der Welt und den endgültigen Tod ist die wichtigste Qualität des Menschen. Es geht im Grunde um die von Marcuse festgestellte „Weigerung zu vergessen, was *sein könnte*", und was „sein könnte" bleibt offen für die Möglichkeit einer unbegrenzten Anzahl von Permutationen.

IN THE BESTIARY OF OUR DAILY IMAGININGS…

Mark Gisbourne

Let us pass now from the zoo of reality to the zoo of mythologies, to the zoo whose denizens are not lions but sphinxes and griffons and centaurs. The population of this second zoo should exceed by far the population of the first, since a monster is no more than a combination of parts of real beings, and the possibilities of permutation border on the infinite (Jorge Luis Borges, Preface 1957, The Book of Imaginary Beings*).*[1]

If the words of Borges stand as a description of the condition of an imaginary world, how much more so do they reflect the psychology of our contemporary cultural state of consciousness? The folkloric and the fantastical are all around us whether we speak of the freely spawned fantasies of Harry Potter films, science fiction imaginings of Star Wars or Star Trek, or even the warped creatures of violence common to the genre of horror movies or video games over the last thirty years. It is clear that a continuous calendar of popular fantastical or imaginary creatures have become an integrated certainty of our every day cultural life. The conflation and appropriation of their human and animal parts, though it may not always have the subtlety of the great South American master's imaginative insight, has been fully grounded as a contemporary understanding of the creative and conflated use of the imagined 'part object'. These psychological perceptions have been argued as forming many of the pre-conditions for a new and contemporary post-narrative painterly practice.[2]
In this context Jacques Lacan's *objet petit a* (object little-a), as the causal principle of the unattainable object-desire in *autre* or 'otherness', is a commonly accepted idea of modern psycho-analysis and psychology.[3] And, while fantasy was deemed by Lacan as an imagined projection, rooted in the separation and alienation brought about by the *objet petit a*, it remains on the side of reality rather than dream, and in consequence forms the foundation for a creative painter's imaginings. The painter's fantasies therefore exist and function at the very nexus of the psychologist's threefold core of reality (through the Imaginary, Symbolic and Real). As a result the role played by creative fantasy and the imaginary is fundamental to a developed sense of psychological health and creative development, "…The truth value of imagination relates not only to the past but also to the future: the forms of freedom and happiness which it invokes claim to deliver the historical *reality*. In its refusal to accept as final the

1 The 1957 preface of *El libro de los seres imaginarios*, is translated and published as the *The Book of Imaginary Beings*, London and New York, 1969 (and subsequent editions)

2 For example forms of non-linear narrative storytelling and historical appropriation have become central to contemporary arts, see Mieke Bal, *Quoting Caravaggio: Contemporary Art, Preposterous History*, Chicago and London, University of Chicago Press, 1999.

3 "…its is always a question of the *objet á*, or rather a question of reducing it – which may, at a certain level, strike you as being rather mythical – to an *a* with which – this is true in the last resort – it is the painter as creator who sets up the dialogue." Jacques Lacan 'On the Gaze (What is a Picture), *The Four Fundamental Principles of Psychoanalysis*, London, (1979) 1994, pp.105–122 (p.112)

4 Herbert Marcuse, 'Beyond the Reality Principle' *Eros and Civilisation*, London 1969, pp.119–131 (p.124)

5 Friedrich Wilhelm Nietzsche, 'Tokens of Higher and Lower Culture', *Human All Too Human: A Book of Free Spirits,* Eng., trans, R..J.Hollingdale, Cambridge, Cambridge University Press, 1986. "aph.274. A segment of our self as artistic object. – It is a sign of superior culture consciously to retain certain phases of development which lesser men live through almost without thinking and then wipe them from the tablet of their soul, and to draft a faithful picture of it: for this is the higher species of the art of painting which only a few understand." p.129

6 Johan Huizinga, 'Play and Contest as Civilising Functions', *Homo Ludens: a study of the play element in culture*, Boston, The Beacon Press, 1950 (pp.46–75) p.46 (and subsequent editions) This text (first published in 1938) has played a crucial role in the foundation and subsequent formation of 'play theory'. For a contemporary evaluation, see Brian Sutton-Smith, *The ambiguity of play*, Cambridge, Mass., Harvard University Press, 2001; also see the republished and updated version of the sociologist and philosopher (homme de lettres) Roger Caillois, *Man, Play and Games* (1961), Champaign, University of Illinois Press, 2001.

7 Debra Hassig, *Medieval Bestiaries: Text, Image, Ideology*, Cambridge and London, Cambridge University Press, 1995, also Erica Fudge, *Perceiving Animals: Human and Beasts in Early Modern English Culture*, Champaign, University of Illinois Press, 2002.

8 Maria Tatar, *The Annotated Brothers Grimm*, London and New York, W.W Norton & Co., 2004.

9 Bruno Bettelheim, *The Uses of Enchantment: The Meaning and Importance of Fairy Tales*, New York:, and London, Knopf, 1976.

10 Christopher Lloyd and Sallyann Kleibel, *Paolo Uccello's 'Hunt in the Forest'*, Ashmolean Museum, Oxford, 1981; recently updated by Catherine Whistler, *Paolo Uccello's 'Hunt in the Forest'*, Ashmolean Museum, Oxford, 2010. Also, Jacques Darriulat, *Une Chasse et perspective*, Paris, 1998.

limitations imposed upon freedom and happiness by the reality principle, in its refusal to forget what *can be*, lies the critical function of phantasy."[4] It is in this context of fantasy and creative metamorphosis that the paintings of Emmanuel Bornstein emerge and generate their meaning. But more than this the artist expands the idea into personally projected expressive narratives and interpretation that suggest themes of transgression and event.

References to past events and iconographic sources alongside future projections and imaginings are creatively fused together in the paintings of Bornstein. In his latest series of paintings presented under the title rubric *Waldbowling*, the expressive focus is placed upon component themes of transgression and play. The wide ranging issues of play are referred to in the paintings in a double sense, that is not just in the sense of the included animal-human figures that play their game of ten pin bowling in a putative woodland setting (fig.1). But also in terms (inadvertently, perhaps) of an inferred word play, since 'woods' is a familiar historical name for the original bowls which were themselves wooden. This series of paintings has therefore something of a parodical sense of humour that is less evident in Bornstein's earlier black and white paintings of 2010 / 11, and which concentrated more explicitly on violence and transgression, influenced as they are by many Gothic literary and Goya-esque type sources. But to mention play or game playing as a subject in regards to painting is more than significant, since the notion of the artist-painter at play in the studio is a central trope of painting practice. Investigations into play and its close association with childhood, with human socialisation and creativity, has long been an observed and studied phenomenon most notably by Nietzsche, who accorded to it the essence of a painterly artistic nature.[5] Therefore it has been argued that the role of play functions as both a cultural and civilising force in modern society, and has become central to understanding historical and psychological theories of human development, "…in the sense that something which was originally play passed into something which was no longer play and could henceforth be called culture."[6] The intended wit containing visual puns and word play in Bornstein's *Waldbowling* form painted material references, the bowling lanes of ten pin bowling are most often made of laminated wood, as

were once the original ten pins made from bonded maple and thereafter lathed into their familiar shape. But beyond these simple material word-play allusions to the subject, lies a more serious intention on the part of the artist. In the three paintings explicitly entitled *Waldbowling I, II, III* (2012) (p.14–17), the bowling lanes form either direct or analogous rail tracks that recede into the dark passages of the woods or forest beyond. In *Waldbowling II* the reference to train tracks is made explicit, since a wedge of humanity stands across the tracks where the ass-headed human figure is about to bowl and skittle them over like ten pins – the ancient communal country game of skittles (nine-pin bowling) is the probable but still debated origin of ten pin bowling. The half-human and half-animal beings, whether possessed of horses / asses heads or the heads of wolves / dogs serve an implicit allegorical function analogous to that of the bestiary.[7] On the one hand while they might suggest the illustrative figures of a child's picture book, on the other with their aggressive bowling poses they evoke an emotionally unresolved sense of expressive ambivalence. In fact the three paintings in this series embody the paradoxical nature of trans-gression and play, ideas that are commonly intertwined within the context of childhood or adult game play and violence; this is evident in the familiar use of terms like the 'theatre of war' and war games. Clearly, the forest settings in the backgrounds of these *Waldbowling* paintings acknowledge a strong sense of the German folkloric tradition, and at the same time the roles played by bestial-human characters that commonly appear in folk and fairy tales.[8] Similarly they point to and expose the complex symbolic influences of fairy tales on the development of childhood and modern psychology.[9] The actual compositional structure of this series of paintings also points to art historical references and to conceptual aspects of rhetorical persuasion. For example the forest backgrounds of *Waldbowling I, II and III* (2012) (p.14–17) have a complex play of mixed perspective that contradicts the simple recessive or monocular perspective of the bowling lanes. It might be seen to make an oblique reference to Uccello's famous perspective composition of trees in 'The Hunt in the Forest' (c.1470), and if so Bornstein would certainly have no problem in acknowledging it, since the artist is deeply embedded and familiar with the history of painting and frequently makes references to and draws upon the works of earlier masters.[10] However, unlike the explicit geometric perspective construction of the Paolo Uccello painting, Bornstein has deliberately adopted the use of a rhetorical perspective, a perspective that is rhetorical because it persuades you of its recessive presence but denies any geometric or modular certainty of application. This has a further effect of creating a different type of abstruse theatrical space that both intentionally and emotionally destabilises the viewer and opens up a sense of tension within the paintings. Hence the greater subliminal interpretation of Bornstein's subject matter – which I will return in the wider context of this exhibition – seems highly personal to the artist and certain intuitive aspects of his family history.

The creative images of Classical fabulae (such as Ovid and Apuleius) and medieval bestiaries as sites of allegorical depictions of transgression have a long and well established history. However, in defining what aspect of bestiary allegory applies to Bornstein's animals and animal-headed human figures is what establishes their actual analogy. In medieval allegory these were broken down into four main areas, the first might be called the literal where an associated symbolic inference was immediately intended, the second was typological that inferred events from the past that are in some way linked to the present, the third was moral in that what was depicted implied an immediate sense of affect or contemporary meaning, and the fourth anagogical as something prophetic that will come in the future. Clearly the last is not an issue in Bornstein's paintings, but the literal and typological are given some relevance by the artist. Similarly the bestiary tradition retained and extended (or changed) archaic and ancient classical sources. In the current catalogue of Bornstein's paintings we find untitled works that open up several forms of allegorical development.[11] For example in an untitled triptych the right panel shows a dog-headed (Alsatian) human figure in what appear to be trouser fatigues and blue tee shirt (p. 23). The figure is about to deliver a bowling ball somewhat reminiscent of our planetary globe in the direction of the centre panel, and eventually to the left panel which shows the ten pins quite literally scattered into the foreground picture space towards the viewer. The central panel contains a curved chasm-like space that continues into the left panel. Beyond in the main panel however a large group of crowded spectral figures appear behind a tree in the upper left background, while three National Socialist

Wehrmacht soldiers stand like isolated introspective sentinels in the curved roadway that continues from the right hand panel into the centre panel ad field of the painting. Thereafter the green-black intensity of the forest beyond creates a flattened screen of near impossible penetration. Behind the dog-head figure in the right-hand panel is another ass or horse-headed figure simply repeating the same pose of the ten pin bowler that is being delivered. It is evident therefore that though we unable to derive an extract or immediate narrative event, the composition of the work proposes in structuralist terms a form of fragmented pictorial narrative, where there are references to game playing, violence and a sombre sense of potential transgression that is to come. Structuralism is after all defined in terms of pre-supposed interrelations within a dominant structural system of cultural expression.[12] But if allegory also supposes a device in which characters or events represent or symbolize ideas and concepts, the artist denies the viewer the easy comfort of an explicit reading. The element of menace and black humour is further heightened by the persistent use of the dominant black, green, and acerbic yellow passages of paint that continue throughout this group of paintings. When other colours are used they are only randomly applied to inanimate objects like the bowling balls and ten pins. The initial sense of the darkness and transgression is set up by the extended tone of the paintings. The use of these animal headed figures of a dog, wolf and / or ass has a long iconographic history and set of associations. The most famous ass-human is that of Lucius who accidently transformed himself into an ass in Apuleius's 'The Golden Ass' (a text sometimes call 'Metamorphoses'), a figure-character that is usually seen as stubborn, priapic or self-deceiving. It returns in numerous creative settings such as the famous Aldine Press woodcuts in Francesco Colonna's 'Hypnerotomachia Poliphili' (1499).[13] But to most people it is known through William Shakespeare's 'Midsummer Nights Dream', in the character of Nick Bottom, who was similarly transformed by the Fairy King Oberon into an ass-headed character with whom a spell-deceived Titania (Queen of the Fairies) is made to fall in love. Conceived and set in the centre of the woods the play (1590–96) deals with the primary themes of dream, the imaginary, farcical self-deception, and most importantly it also possesses a fragmented story within another story narrative structure.[14] The use of animals as

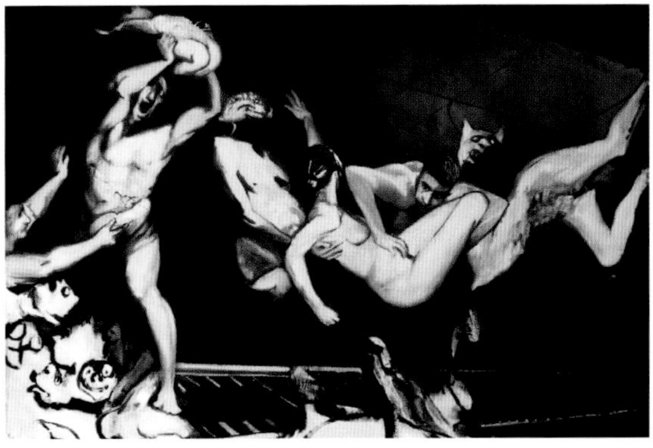

1
Untitled, 200 × 282 cm, oil on canvas, 2012
Collection Le Maignan, Paris

11 Rudolf Wittkower, *Allegory and the Migration of Symbols: The Collected Essays of Rudolf Wittkower*, London, Thames & Hudson, 1987.

12 Gilles Deleuze, „How Do We Recognise Structuralism?" *Desert Islands and Other Texts 1953–1974.* Michael Taormina (ed.), Eng. trans., David Lapoujade, Los Angeles and New York: Semiotext(e), 2004, pp. 170–192

13 Francesco Colonna, *Hypnerotomachia Poliphili, (The Strife of Love in a Dream)*, Eng. Trans., Jocelyn Godwin (the entire text), London, Thames and Hudson 1999 Published on the 500th anniversary of its original publication in Venice.

14 William Shakespeare, *The Oxford Shakespeare: A Midsummer Night's Dream*, Peter Holland (ed.), Oxford, Oxford University Press, 2008.

associated anthropocentric metaphors is common enough, but was in fact informed by historical physiognomic literature as it was interpreted and re-conceived. The study of physiognomy is also Classical in origin, and has been used and applied by many writers and artists in earlier centuries long before its use by Shakespeare.[15]

Ideas concerning theatre, whether they are derived from Romance, Baroque or different aspects of the literary Gothic fascinate Emmanuel Bornstein. Another example is a painting depicting a group of animals and humans placed in the purlieu of a wood or forest at night (p. 27). The sense of a imaginary 'danse macabre' is cast as a grotesque figure in a German military uniform dances with a caped and bare breasted female figure of death. A jack ass dances with a wolf-like human, masked military figures look on, and the same three National Socialist 'Nazi' Wehrmacht figures appear again on the right confronting the ghostly array of indeterminate spectral entities to the left. Are these the questioning ghosts of German history? Of this there can be little doubt since we find a painting with direct allusions to concentration camp towers, and where four asses have replaced the original four women or maidens who toss the puppet in a famous work by Goya called 'The Manikin' (p. 34). It is taken therefore from Goya's famous tapestry cartoon painted for the bedroom of the child Infante of Spain. Again we see the idea of an ambiguous child's game transferred into a commentary on transgression and violence. The sad humiliated puppet has all the attributes of a human being masked and disguised, and carries with it an intentional allegorical significance. Indeed, Goya abounds throughout many of the works in this group of paintings, and is always a continuous and freely admitted influence on Bornstein. The asses themselves also derive from Goya, who depicts the human-clothed jack ass in a famous aquatint entitled 'As far back as his grandfather' (1797–8) and shows a seated ass perusing a book showing the genealogical lineage of asses. The ass turns up as a doctor taking the pulse of a dying patient in the same series of eighty etching-aquatints called 'Los Caprichos' and entitled 'Of what ill will he die' (1799). The ass can be found in several other works within the same aquatint publication, nearly all of which are made reference to in Bornstein current paintings.[16] The most famous of the Goya aquatints from the same series was

'The Sleep of Reason Produces Monsters' (1797–8), but sadly as we know the works were all subsequently withdrawn after their publication by Goya due to the immediate threat of the Inquisition at the time. But it should also be remembered that Goya lived in a time when physiognomy studies and their extended obsessions were at their intellectual height, in the age of Johann Kaspar Lavater (1741–1801), Henry Fuseli (1741–1825), and alongside numerous spurious pseudo-science systems such as 'reading bumps on the head' in phrenology which frequently drew upon various forms of deterministic human to animal analogies.[17] In another painted woodland scene by Bornstein (p. 35) he shows human asses dressed in a business suit, another in a full length bathing outfit, others posing in the background beyond, and a literal ass with a conventional rear end mule kick directing us to the circular bubble above (remarkably formed like the ten pin bowls). This references the famous tumbling figure from plate 30 'The Ravages of War', part of Goya's shocking etching-drypoint series called the 'Disasters of War' (created sometime between 1810–20, against the background of the Napoleonic invasion and Peninsular War, 1808–1814).[18] The theme of war is also strikingly evident in another Bornstein triptych where in the panel on the left ass-headed National Socialist soldiers are shown mistreating a lumpen-shaped human (intentionally anonymous and without identity) as he is loaded on what we suppose is a concentration camp death train, the middle panel showing the skeleton of death riding his pale horse across a seeming mountains of ill-defined amorphous and anonymous dead (p. 42–45). The more complex right panel shows the same Goya derived seated ass-headed figure again, and other ass-headed figures building a primitive gallows beyond, while a Nazi officer watches on from the right side centre ground. Again the setting is a wood or forest and two famous fleeing Munch-like nudes, one with a face showing a skeletal mask of death, are being ravished by monkeys. In iconography monkeys are commonly associated with lasciviousness and mischief, while the saturnine ass sits focusing his thoughts of a bubble that floats between his hand-adapted hooves in front of him. All the canvases of the triptych are intentionally painted in a toxic yellow and black. In the case of another painting we see ass and fox-headed figures, death on another white equine apparition who also appears to be ravishing a naked woman, his bony hand being placed between her knees

15 For example human facial expressions and character assessments were commonly associated with particular animals and birds, and artists and art theorists created pattern books to show specific facial and bodily expressions associated with emotional states of mind and general character. The most famous is, perhaps, Charles Le Brun (1619–90), the court painter of Louis XIV 'LeRoi Soleil' who claimed he was the 'greatest French painter of all time', and whose system of facial expressions drew heavily upon the animal physiognomy of asses, cows, pigs, dogs and an enormous array of other animals, see *Charles Le Brun, L'Expression des Passions: autres conferences, correspondence*, Paris Edition Dédale Maisoneuve et Larose, 1994.

16 Francisco Jose De Goya, *Los Caprichos*, London, Dover Books, 1970 (and subsequent editions)

17 Johann Kaspar Lavater's multi-volume publication. *Physiognomische Fragmente zur Beförderung der Menschenkenntnis und Menschenliebe* (1775–1778), was received enthusiatically across Europe, and particulary in France, Germany and Britain. See, Christoph Siegrist (ed.) Johann Caspar Lavater, *Physiognomische Fragmente zur Beförderung der Menschenkenntnis und Menschenliebe.: Eine Auswahl*, Stutthart Reclam Philipp Jun. Verlag, 1984. Henry Fuseli was a writer and painter who exemplified early Gothic literary and theatre scene painting, and was an important proponent of Romantic themes of dreams and nightmare, see Martin Myrone, *Henry Fuseli*, Princeton, Princeton University Press, 2001, and Martin Myrone, *Gothic Nightmares: Fuseli, Blake and the Romantic Imagination*. London, Tate Publishing, 2006

18 The Prints remained unpublished at the time of Goya's death in 1828, and only finally published in Madrid, by the Royal Academy of San Fernando in 1863, see Philip Hofer (intro.), *Francisco Jose De Goya, The Disasters of War*, London, Dover Books, 1968 (and subsequent editions).

prising them apart. The inference being, perhaps, an allusion death raping Europa, and as a result, it can be said that it carries forward the Classical and Renaissance subject matter into a completely different form of determinate expression. We can have little doubt that these paintings make direct reference to war, and particularly the Second World War where the holocaust experience is foregrounded. The fact that the artist has chosen to express such events through historical fabulae and/or bestiary reference expresses a particular turn of mind and progressive imagination. However, while the artist never speaks about his biography or family history, and though we know he was born in France, Bornstein (as his name suggests) has a German-Polish-Jewish ancestry that betokens a complex history of cultural assimilation and displacement. The paintings in this respect may form both the emotional creative nexus and running in parallel they bring a cathartic aspect into his life.

Themes of transgression and history permeate through all of Emmanuel Bornstein paintings, and he has admitted a direct engagement with German history, violence and dream, the hypnogogic and hypnopompic as well as other peripheral states of consciousness that also fascinate him. Hence as he has previously stated the studio experience of daydreaming and peripatetic walking are central to his creative daily life.[19] It is in this context that his insights into the fantastical emerges, Borges imaginary beings come into play, Lacan's projected imaginary (as separated and alienated as the psychologist claims them to be) come into focus, and in so doing manifest themselves through a newly painted reality. Let us be clear Bornstein does not produce 'dream paintings', far from it, but consciously transforms them into his own self-imagined desiderata, the word meaning quite literally 'desired things'. Hence its close and personal relationship to the libidinal economy of desire emerges, and there has always been within his work an artistic awareness of the daily isolation and the necessary psychopathology of the studio. It is on the basis of this state of withdrawn reverie that strong expressive feelings invariably emerge within what has been familiarly called the erotics of painting. This sensuous approach was just as evident in his untitled black and white paintings of 2010/11, though these it must be said dealt more directly with issues of nightmare, frenetic violence, and the possibilities of its

transference to the waking state – the old nineteenth century argument that madness is a dream awake (fig. 2–4). But through all these paintings there are directly extracted references and general appropriations from great art historical masters like Caravaggio's 'Flagellation of Christ' (c.1607) and 'Crucifixion of St Peter' (1600), Rubens 'Rape of the Daughters of Leucippus' (1617–18), and yet more obtuse references to Rembrandt and Velasquez and the *vivre un cauchemar* of Fuseli. And, of course at the same time for Bornstein the ubiquitous and never ending influence of Goya. The many references to the Baroque in these black and white 2010/11 paintings is immediately self-evident, since the seventeenth century was an age of continual wars and violence that were commonly depicted as allegories by painters at that time.[20] To speak of the literary in any conventional sense as regards Bornstein's paintings is extremely dangerous, it might better be stated that his works address forms of non-linear or fragmented fiction. They represent non-specific events but work through a structuralist use of allegorical inference, an intentional paradox since the structuralist and post-structuralist intertextual paradigms claimed to have deconstructed and removed the relevance of allegory.[21] But intertextual allusion and inference are crucial to understanding Bornstein paintings, which means what is presented to the viewer must be assembled and interpreted as a personal response to the paintings. However, whereas allegory in the historical past was often used as a form of didactic moral instruction (a reinforcement of prevailing authoritarian or institutional points of view) this was never implicit to its use since the role of symbolic signification is as powerful and meaningful as it ever was. Bornstein's paintings open up the expressive symbolic order to new forms of free interpretation. I began with a reference to Borges famous 'Book of Imaginary Beings', where he lists entries of many of the fantastic beasts that humans have imagined over a long period of history. The age of free imagining must continue because it is our most fundamental human quality of creative resistance to the pre-determinations of the world and our eventual death that will become. It is essentially as Marcuse observed, the 'refusal to forget what *can be*' and what 'can be' remains open to the possibility of an infinite variety of permutations.

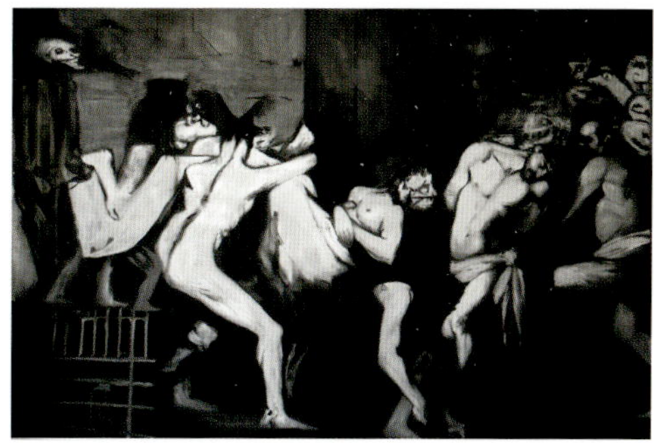

2
Untitled, 200 × 282 cm, oil on canvas, 2012
Collection Schivazappa, Parma

19 See, link http://www.youtube.com/watch?v=WcZqmeno1ao

20 Joseph Canning, Hartmut Lehmann, and Jay Winter, *Power, Violence and Mass Death in Pre-Modern Times*, Farnham and London, Ashgate Publishing 2004. This publication initiates a comparative analysis and deals with the 14th, 17th and 20th centuries seen as centuries of mass violence.

21 Paul de Man, *Allegories of Reading: Figural Language in Rousseau, Nietzsche, Rilke, and Proust*. New Haven and London, Yale University Press, 1979.

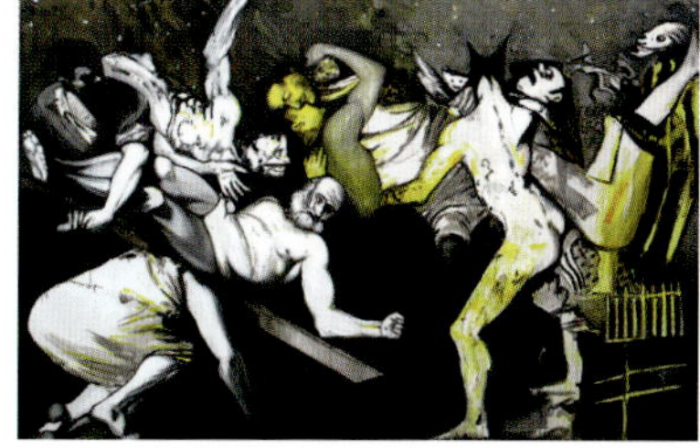

3
Untitled, 200 × 300 cm, oil on canvas, 2012
Collection Galerie Krief, Paris

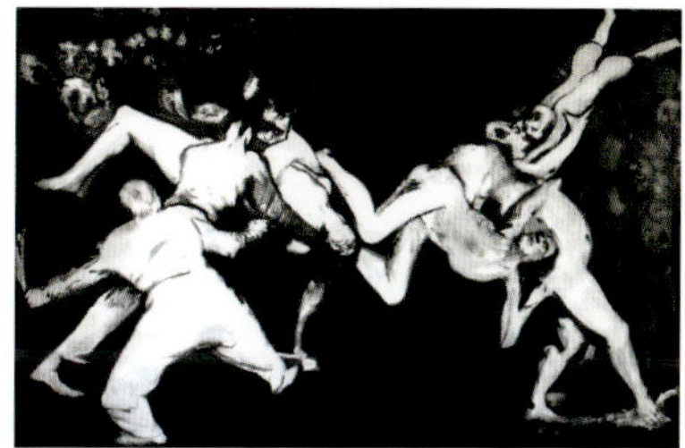

4
Untitled, 200 × 300 cm, oil on canvas, 2012
Collection Paul Conquet, Paris

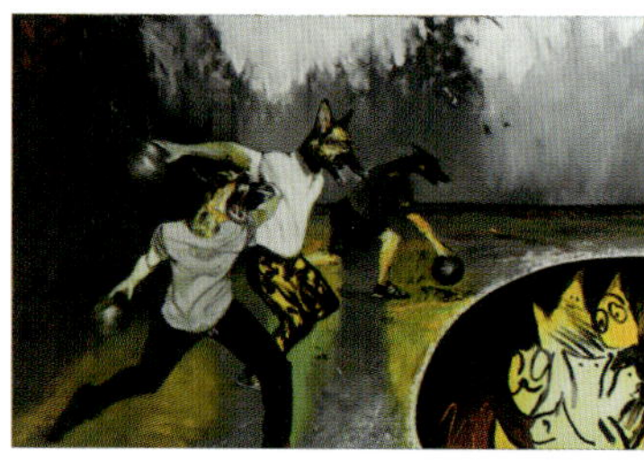

o.T.,
200 × 400 cm, Öl auf Leinwand, 2011
Courtesy Wendt+Friedmann, Berlin

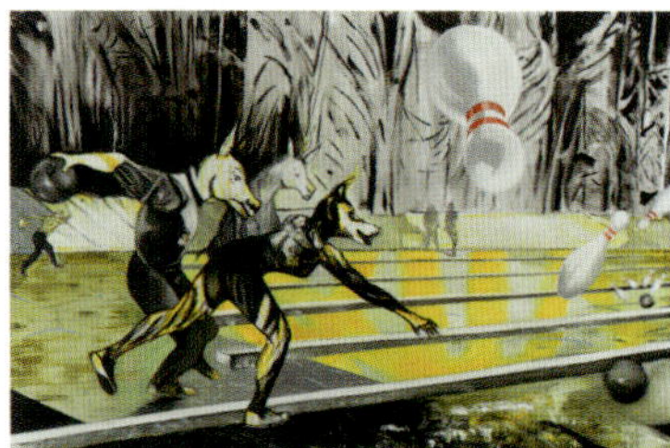

Waldbowling I,
200 × 300 cm, Öl auf Leinwand, 2012
Sammlung Sander, Berlin

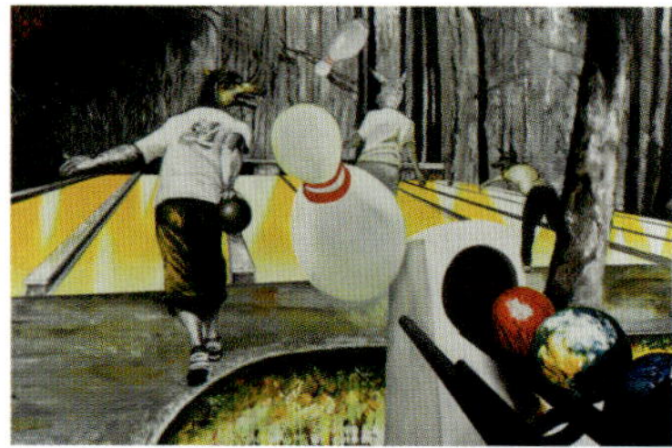

Waldbowling III,
200 × 300 cm, Öl auf Leinwand, 2012
Courtesy Wendt+Friedmann, Berlin

Waldbowling IV (Sound and Fury),
200 × 300 cm, Öl auf Leinwand, 2012
Courtesy Wendt+Friedmann, Berlin

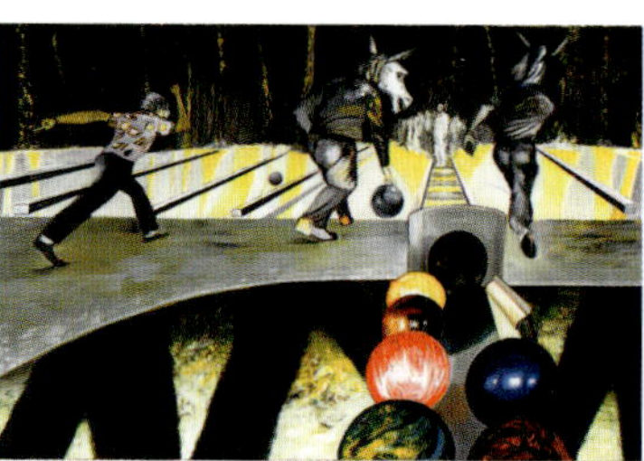

Waldbowling II,
200 × 300 cm, Öl auf Leinwand, 2012
Sammlung Casa Editrice Spaggiari, Parma

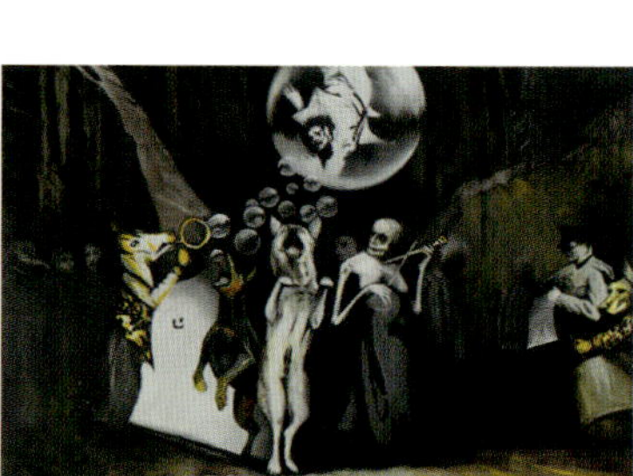

o.T.,
200 × 300 cm, Öl auf Leinwand, 2012
Sammlung Sander, Berlin

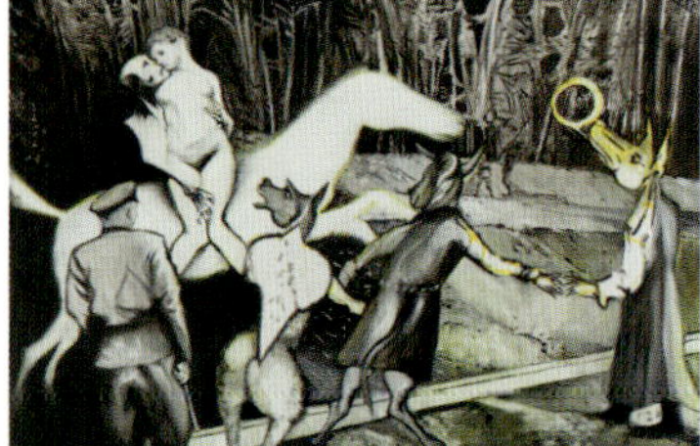

o.T.,
200 × 290 cm, Öl auf Leinwand, 2012
Courtesy Wendt+Friedmann, Berlin

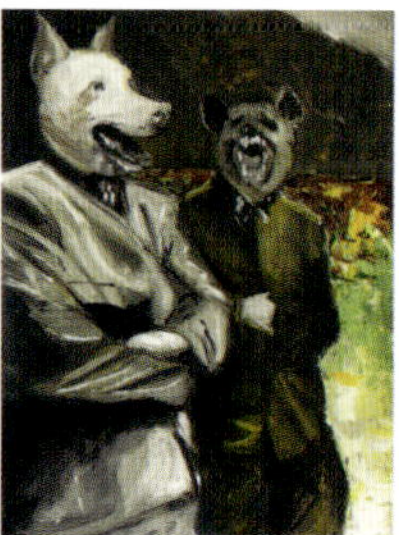

o.T.,
65 × 50 cm, Öl auf Papier, 2012
Courtesy Wendt+Friedmann, Berlin

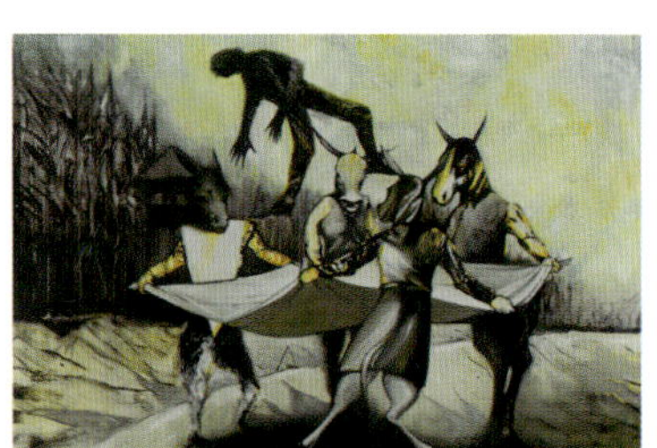

o.T.,
200 × 300 cm, Öl auf Leinwand, 2012
Courtesy Wendt+Friedmann, Berlin

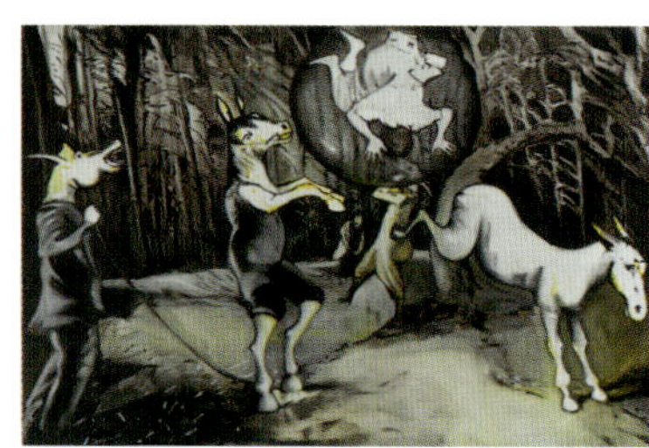

o.T.,
200 × 300 cm, Öl auf Leinwand, 2012
Courtesy Wendt+Friedmann, Berlin

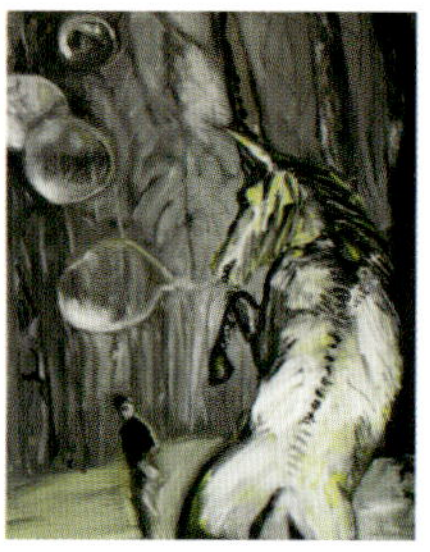
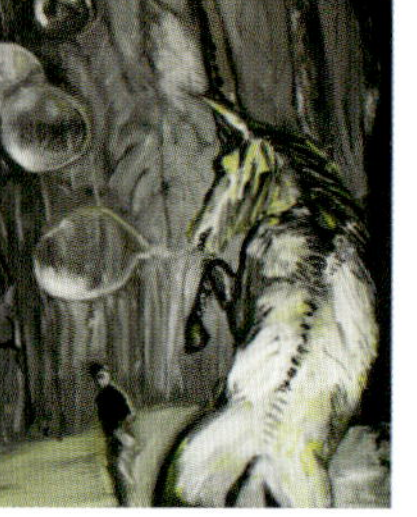

o.T.,
65 × 50 cm, Öl auf Papier, 2012
Sammlung Sander, Berlin

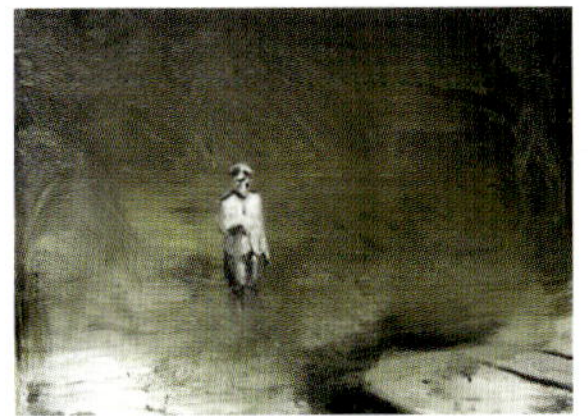

o.T.,
30 × 40 cm, Öl auf Leinwand, 2012
Sammlung Florian Kainzinger, Berlin

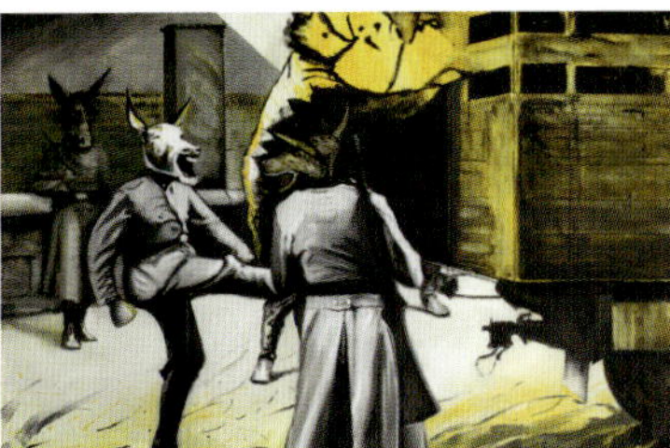 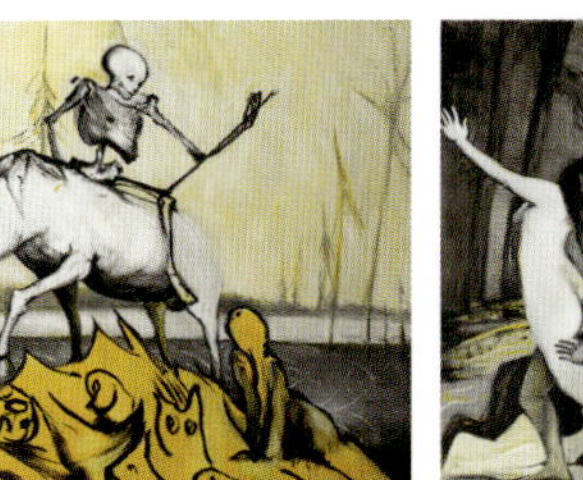 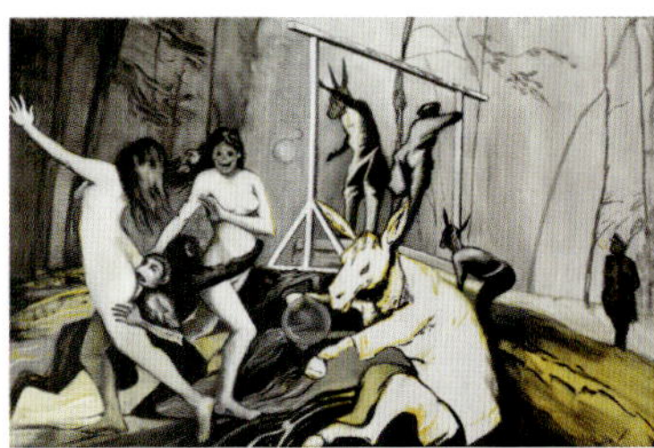

Triptych o.T.,
3 × 200 × 300 cm, Öl auf Leinwand, 2012
Sammlung Giampaolo Mora JR., Parma

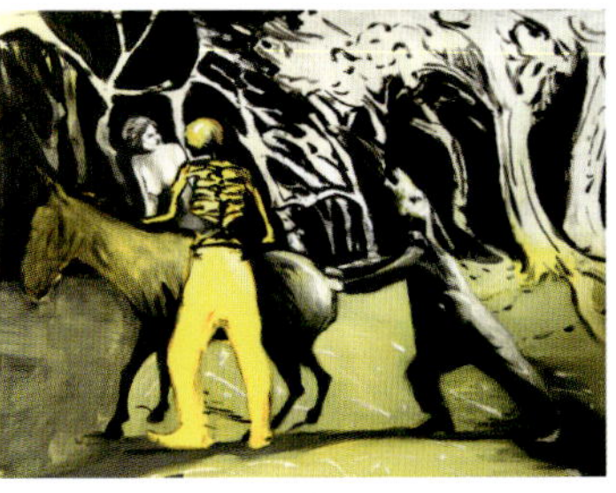 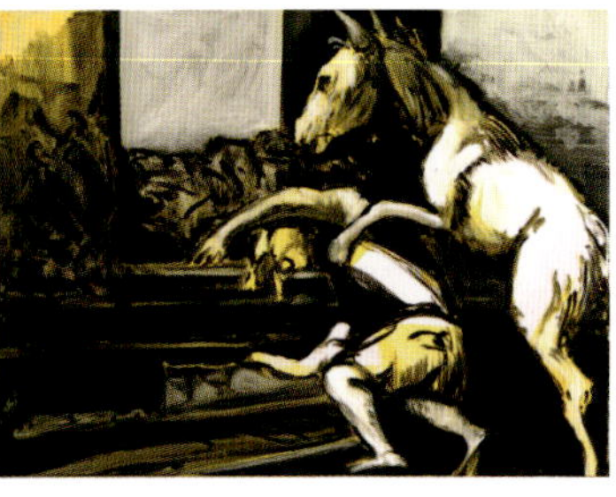

o.T.,
65 × 85 cm, Öl auf Leinwand, 2012
Sammlung Oliver Vanicek, Berlin

o.T.,
65 × 85 cm, Öl auf Leinwand, 2012
Sammlung Oliver Vanicek, Berlin

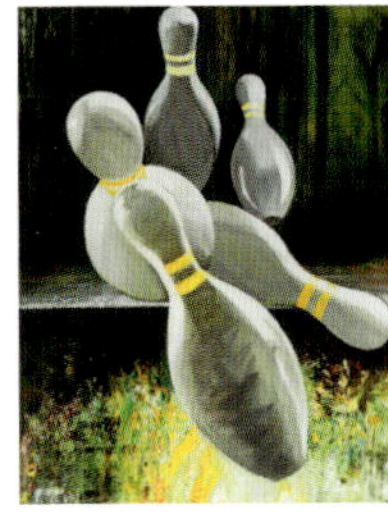 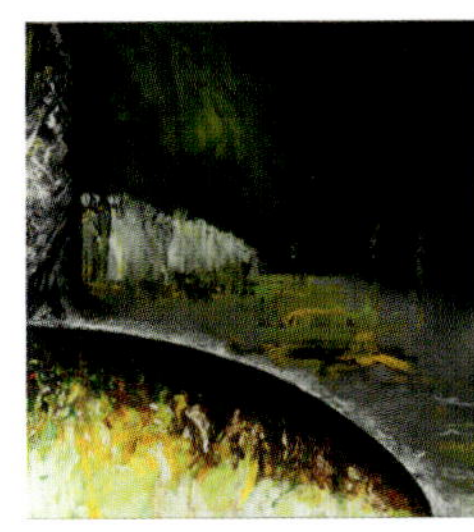 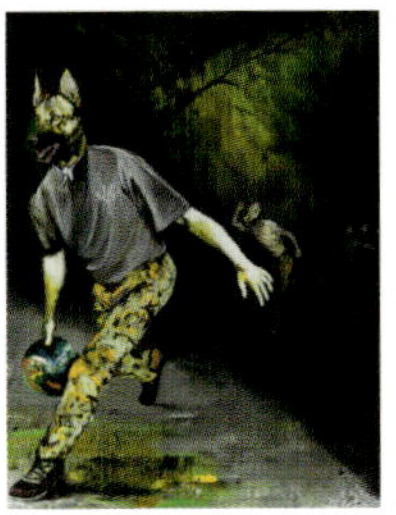

Triptych Bowling,
200 × 150 cm, 200 × 180 cm, 200 × 150 cm, Öl auf Leinwand, 2012
Courtesy Wendt+Friedmann, Berlin

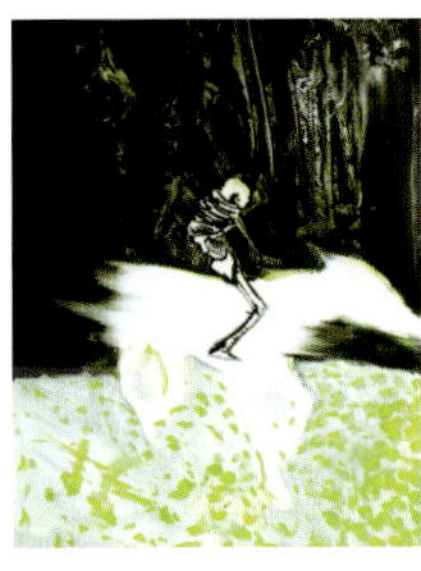

o.T.,
65 × 50 cm, Öl auf Papier, 2012
Sammlung Holttum & Brannigan, London

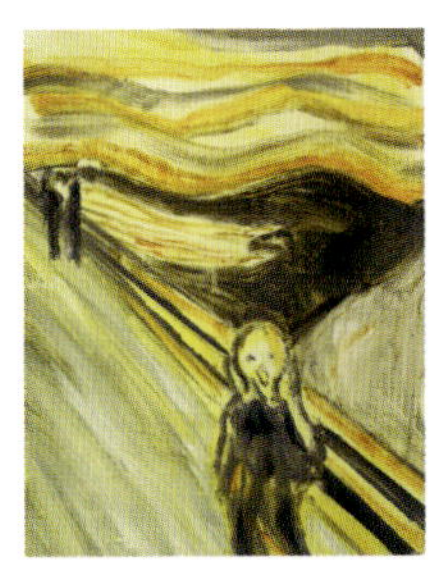 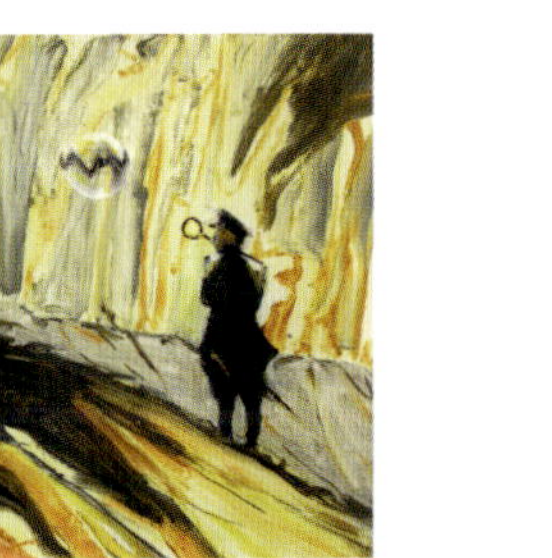

o.T.,
65 × 50 cm, Öl auf Papier, 2012
Sammlung Florian Kainzinger, Berlin

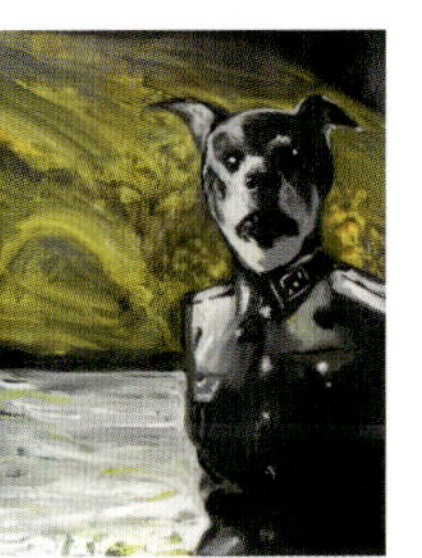 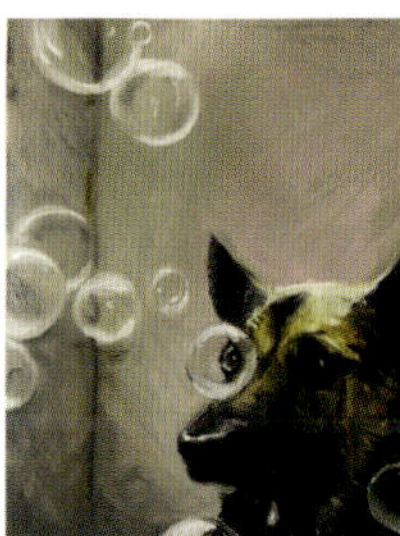

o.T.,
65 × 50 cm, Öl auf Papier, 2012
Courtesy Wendt+Friedmann, Berlin

Dieser Katalog wurde mit freundlicher Unterstützung der Sammlung Sander gedruckt.
This catalogue has been published with kind support of The Sander Collection.

BIOGRAFIE / BIOGRAPHY

Emmanuel Bornstein
*1986 Toulouse, Frankreich
Lebt und arbeitet in Berlin

Ausbildung / Education

2011   Diplôme national supérieur d'arts plastiques
(DNSAP)
Ecole nationale supérieure des beaux-arts
de Paris (ENSBA)

2006   Ecole nationale supérieure des beaux-arts
–2011   de Paris (ENSBA), Atelier von Philippe Cognée

2009   Scholarship DFJW, (UDK), Berlin
–2010

Einzelausstellungen / Solo Exhibitions

2012   *Waldbowling*, Wendt+Friedmann Galerie, Berlin,
Deutschland, Katalog
Preview, The Berlin Art Fair, Berlin, Deutschland
Maskeraden / Mascarades, Institut Français,
Dresden, Deutschland

2008   Galerie Lacen, Paris, Frankreich
Einladung von Wajdi Mouawad an das Centre
National des Arts (CNA), Ottawa, Kanada

Gruppenausstellungen / Group Exhibitions

2012   *French Spring in Ukraine*, Ya Gallery Pavlo
Gudimov art center, Kiev, Ukraine

2011   *Figure Vivace*, Espace d'art contemporain Croix
Baragnon, Toulouse, Frankreich
Paradies, Wendt+Friedmann Galerie, Berlin,
Deutschland

2010   *Dragonz come out to play*, Galerie Queen Anne,
Leipzig, Deutschland
This is red, Halle zehn, Cap Köln, Köln,
Deutschland
Gallery Nathan Koestlin, Berlin, Deutschland

2008   Slick Art Fair, Paris, Frankreich

IMPRESSUM / IMPRINT

Diese Publikation erscheint anlässlich der Ausstellung / This publication is published to accompany the exhibition:

„Emmanuel Bornstein. Waldbowling"
12.9. – 20.10. 2012,
Galerie Wendt + Friedmann, Berlin
www.wendt-friedmann.com

Herausgeber / Editor(s): Andreas Wendt, Wendt+Friedmann Galerie, Berlin
Redaktion / Editorial staff: Andreas Wendt und Emmanuel Bornstein
Autoren / Authors: Didi Bozzini I, Mark Gisbourne GB, Didier Semin F
Lektorat / Copyediting: Andreas Wendt und Emmanuel Bornstein
Übersetzungen / Translations: Torsten König D, Mathias Reimann D, Susan Mackervoy F
Gestaltung / Design: Andreas Wendt, Emmanuel Bornstein, Wendt+Friedmann, Berlin
Assistenz Design / Design consultant: HIT
Projektmanagement / Project Management, Kerber Verlag: Katrin Günther
Druck / Print: Druckerei Conrad, Berlin
Auflage / Edition: 1500

Fotonachweis / Photo credits:
Ludger Paffrath, Berlin, D; Lucio Rossi, Parma, I
Courtesy Wendt+Friedmann, Berlin

© Wendt+Friedmann, Berlin & Emmanuel Bornstein

ISBN 978-3-86678-753-7
www.kerberverlag.com

Printed in Germany

Diese Publikation wurde freundlicherweise unterstützt von / This publication has been kindly supported by Sammlung Sander / The Sander Collection und / and Vivantes – Netzwerk für Gesundheit GmbH.

Umschlag / Cover:
Waldbowling III, 200 × 300 cm, Öl auf Leinwand, 2012
Courtesy Wendt+Friedmann, Berlin

Die Deutsche Nationalbibliothek verzeichnet diese Publikation in der Deutschen Nationalbibliografie; detaillierte bibliografische Daten sind im Internet über http://dnb.d-nb.de abrufbar. / The German National Library lists this publication in the German National Bibliography; detailed bibliographic data is available on the Internet at http://dnb.d-nb.de.

Verlag und Vertrieb / Published and distributed by:
Kerber Verlag, Bielefeld
Windelsbleicher Str. 166–170
33659 Bielefeld
Germany
Tel. +49 (0) 5 21/9 50 08-10
Fax +49 (0) 5 21/9 50 08-88
info@kerberverlag.com

Kerber, US Distribution
D.A.P., Distributed Art Publishers, Inc.
155 Sixth Avenue, 2nd Floor
New York, NY 10013
Tel. +1 (212) 627-1999
Fax +1 (212) 627-9484

KERBER-Publikationen werden weltweit in führenden Buchhandlungen und Museumsshops angeboten (Vertrieb in Europa, Asien, Nord- und Südamerika). / KERBER publications are available in selected bookstores and museum shops worldwide (distributed in Europe, Asia, South and North America).